究極!! しくじりプロ野球

～本当にあった最弱球団の話

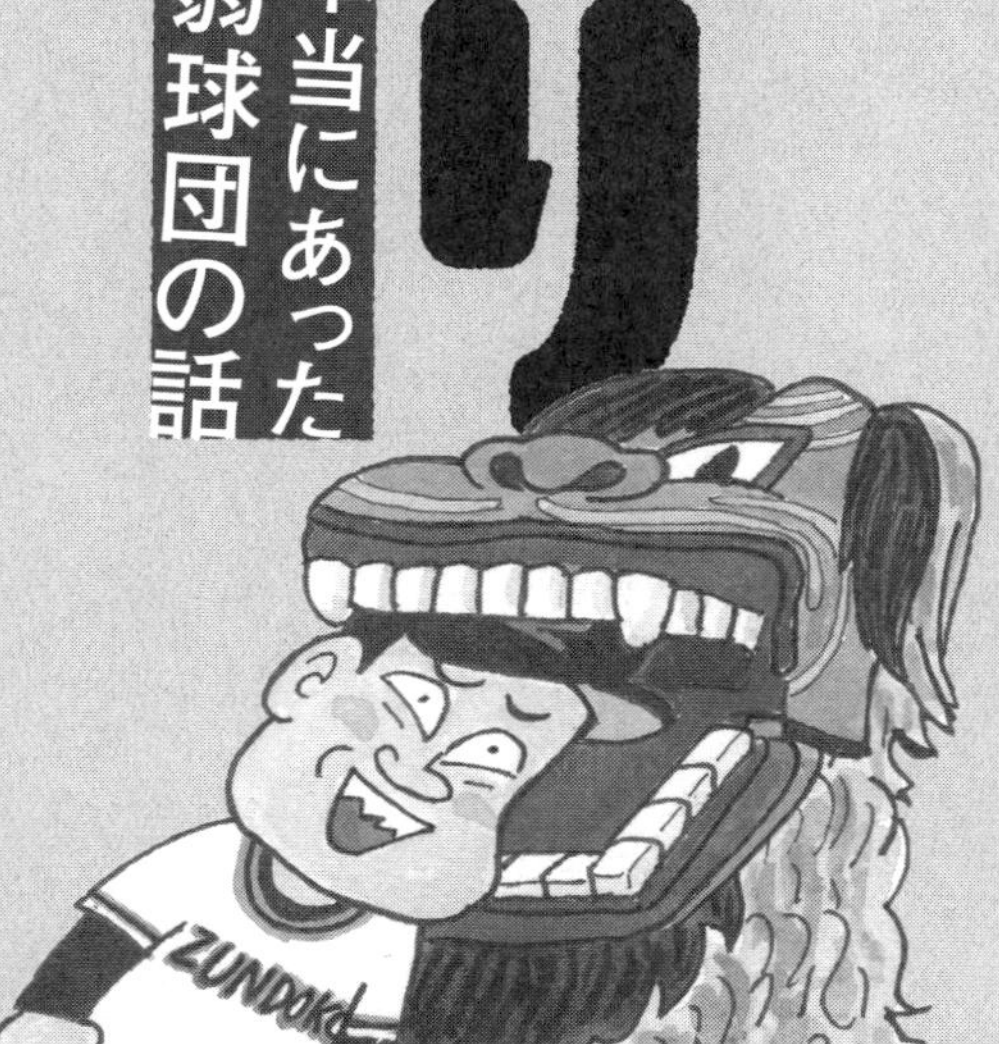

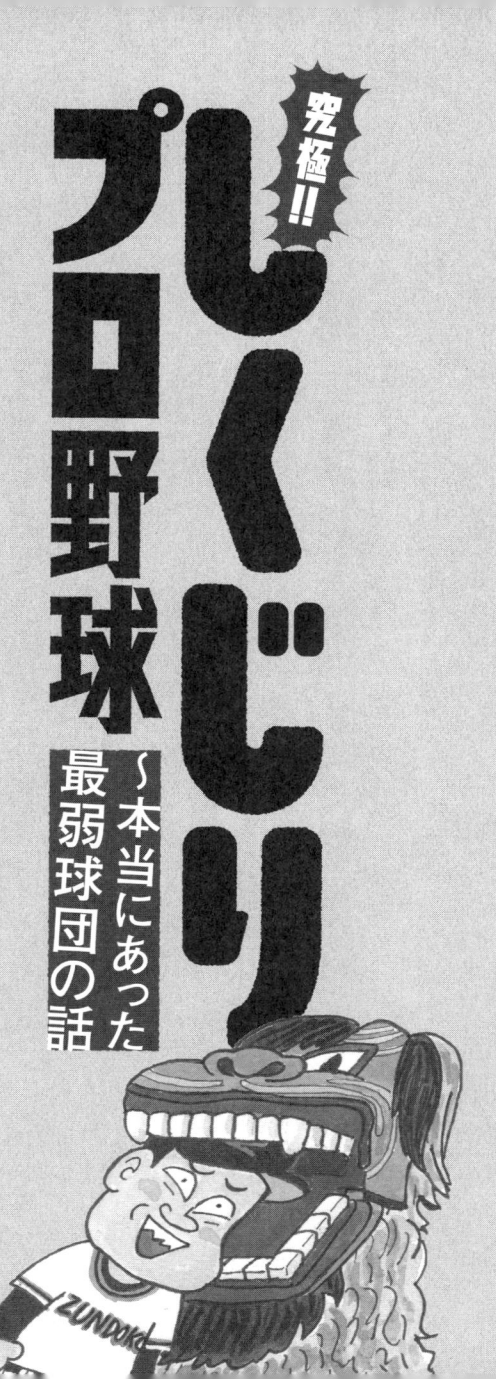

目次

第2章 しくじり続ける男たち～平成の章 1989-1999

はじめに〜ぼくたちのしくじり

もう敗北の歴史やしくじった過去から、逃げる必要なんてない

野球とは、〝しくじり〟の物語である。

10打席で3本ヒットを打てば一流打者って、7割は失敗の積み重ねだ。無数の負けとミスとズンドコの先に勝利がある。いわば野球観戦とは、その〝しくじり〟をいかに楽しむか……という娯楽である。

思えば十数年前、ヤクルトのバレンティンの本塁打日本記録で盛り上がっていた夏、個人的に誰に頼まれたわけでもないのに東京ドームで巨人の村田修一の芸術的ゲッツーを数えていた。遊撃手の真正面に飛ぶ美しい無数のゲッツーとそれでも黙々と試合に出続ける男・村田は、我々に生きる勇気を与えてくれたものだ。しくじりといかにうまく付き合うか？　屈辱の体験をいかにやり過ごして未来へ繋げるのか？　指揮官のタツノリから試合途中の帰宅を命じられた翌日、自分で頭を丸刈りにして球場に現れてみせる村田さん。人生はときに己の負けを笑い飛ば

す夜もある。それが大人になるということだ。

ミスタープロ野球こと長嶋茂雄は監督1年目、巨人創立以来初の最下位に沈むペナントレースの真っ只中、「もう悔しくて、ベンチで手当たり次第、いや足当たり次第に暴れています。コンクリートの壁を足でガーンとやるんです。おかげで右足の親指は形が変わっちゃいました」と壁相手のケンカキックでやり場のない怒りを発散させた。王貞治は、万年Bクラスの弱小チームだったダイエーホークスを率いるも、不甲斐ない戦いぶりに暴徒化したファンにバスを取り囲まれ、生卵を投げつけられる。バスの窓にぐしゃっとつぶれて張り付いた生卵の残骸を見て、「俺はこんな仕打ちをされるために福岡に来たんじゃないんだ」と心折れかけるもじっと耐える世界のホームラン王がそこにいた。400勝投手の金田正一は、二度目のロッテ監督を追われるように辞めた際、『週刊ポスト』誌上でひたすら愚痴り続けた。若手選手のプレー中のネックレスについても、引っかけて骨折の可能性を指摘し、「そんな危険なものをせんでも、後でいくらでもオシャレできるじゃないの。そんなことも理解せんと〝干渉されたくない〟というのは、バカじゃないかと思うね。ハラが立つよ」なんてジェネレーションギャップを嘆いてみせる哀戦士カネやん。阪神間の高級住宅地にそびえ立つ巨大な大豪邸をラブホテルと間違えたカップルが車で乗りつけちゃった……というズンドコ伝説を持つ元近鉄のビッグワンこと鈴木啓示は、紀伊半島の先まで眺められる自宅の超豪華展望風呂に浸かり、雑誌『Ｎｕｍｂｅｒ』の表紙を飾ったが、撮影した三宅数カメラマンは思わず「黒沢明の『天国と地獄』の主人公の家のようだ」と驚いてみせた。実際にビッグワンは我が世の春を謳歌した天国のような現役時代と、地獄のようなリアルに選手たちから〝嫌われた監督〟生活を送ることになる。球史に残る超人的な活躍を見せた彼ら昭和の大スター選手ですら、監督生活はズンドコで、幾度となく挫折して、しくじっているのだ。栄光の影には、無数のしくじりの残骸がある。

いつの時代も、真実はしくじりに宿る。男たちがなんとか這い上がろうと足掻いた苦闘の日々を追うことは、知られざる球史の一面を発掘する作業でもある。通算15年間に渡る長嶋巨人の狭間に存在した、「長嶋大洋」をご存知だろうか？　二度目の巨人監督では、自らドラフト会議で引き当てた松井秀喜を育て、導入されたばかりのＦＡ制度で落合博満や清原和博を獲りまくったやりたい放題のミスターも、実は一度目の巨人監督を追われた直後の80年代前半、大洋ホエールズの監督就任が秒読み段階と目されたこともあった。地元の横浜では派手な新聞広告や署名運動にまで発展して、「長島茂雄氏を横浜大洋に招く会」まで設けられ、関根潤三の監督就任会見では、関根本人が「ナガシマ君が大洋にくるといえば、いつでも彼に（監督の座を）

お譲りする」なんて異例の繋ぎの指揮官宣言だ。巨人監督時代の背番号90をマジリスペクト。横浜スタジアム左翼側スタンドに地元有志による「Mr.90 COME BACK」と書かれた看板広告が姿を現す騒ぎとなったが、優柔不断で気まぐれなミスターに振り回され、熱烈なラブコールも報われず「長嶋大洋」は幻に終わった。もし実現していたら、恐らく二度目の長嶋巨人はなく、もちろん〝国民的行事〟の10・8決戦も存在せず、ゴジラ松井は阪神でプレーしていたかもしれない。そうしたら、90年代のタイガース暗黒期もまた違った展開を見せていただろう。

あの頃、阪神は最下位が定位置のダメ虎だった。1996年に藤田平監督は禁煙令を出すも、ナインは「逆にストレスがたまりそうで……」とか「シーズン中も、ということになると困りますネ」なんて泣きを入れ腐りきったぬるま湯ぶりを露呈。藤田が選手寮の虎風荘へ行くと、廊下にはカップ麺やコンビニ弁当のゴミが山積みに。寮の食事メニューを外部の栄養士に見せたら「老人の摂る食事か、病院で食べる食事ですよ」なんつって呆れられる有様だった。練習不足の選手を鍛えようとしても、テレビ局主催のイベントを入れようとする営業と対立。あらゆる環境が球界の底辺とも思えるダメ虎ぶりに藤田は各部門を自ら改革しようと決意するが、現役時代に〝むっつり右門〟と呼ばれた無口で不器用な男の根回しなしの動きには、フロントも選手も裏方も猛反発。看板スターの新庄剛志との関係も最悪だった。

前年夏、足首を痛めて二軍調整中の新庄に対して、炎天下のグラウンドのど真ん中で遅刻を理由に1時間も正座させるとんでもないパワハラムーブで冷戦状態に。当時、ランボルギーニ・チータを乗り回すジャックナイフみたいに尖った23歳の新庄は、１９９５年オフの契約更改で横浜へのトレード志願が受け入れられないと分かると、球団に「監督が辞めるか、僕が辞めるか」と迫ったのである。「センスがないから野球を辞める」と誰よりも野球センスに恵まれた男の反乱は謝罪のち残留で落ち着くも、新庄は「(自分に)スター性なんてありませんから」といじけ気味の塩対応。現在のイメージからは意外にも思えるが、当時はしょっぱいコメントの〝ソルティの新ちゃん〟として知られていた。プロの中でも図抜けた身体能力は同僚からも一目置かれ、甘いマスクと抜群のスタイルで圧倒的な人気を誇るも、在阪マスコミはこぞって新庄だけを取り上げ、チームでは浮いた存在だった。髪を切っただけで先輩の殊勲打を差し置いてスポーツ紙の一面を飾ってしまい、熱狂的ファンに車で追いかけ回される異常な日常に若い新庄も疲れ切っていたのだ。なお、１９９７年のオールスターでは、応援団から鳴り物応援を拒否され、「こんな成績で出場するな。恥を知れ」と段ボールに書き殴られたプラカードが掲げられた。阪神ファンの新庄に対する期待は大きかった。いや大きすぎて完全なプレッシャーになっていた。もう放っておいてくれ……自分の殻に閉じこもる虎のプリンス。本人もほとんど振り返ることがない、いわば黒歴史であり反抗期である。それが、いまやマスコミをも巻き込み利用するタフさを持つ、令和のビッグボスとして若手が中心の日本ハムを戦う集団へと変貌させた。今の新庄監督がマネジメントするチームに、あの頃の新庄のように孤独な選手はいない。しくじりを紐解くことで、引退騒動から30年目の答え合わせだ。

ミスターやビッグボスと同じように、誰にだって人生のどこかでしくじりムーブをかましてしまったことはあるはずだ。学生時代、ガラケーで夜中に気になる女の子に送ったラブメール。あれ冷静に読み返したら確実にズンドコ大爆死だからね。ズンドコは、私の青春のすべてでしたなんつって。大事なのは、そのあと。人生において、溢れ出るしくじりの伏線をいかに回収していくのか？　すべてのしくじりは、敗者復活が可能なのである。

最強よりも最弱。栄光よりも屈辱。勝利よりもしくじり。勝ちっ放しの人生なんて退屈だ。「そのネクタイが、実は1本2000円ぐらいの、ありきたりのそのへんの安物であっても……。オレにとっては、それがスーパーで売っていたのか、イタリア製なのかということは問題ではない。このオレ様が気に入っているんだから、高級品なんや、という理屈である」なんて自著『投げたらアカン！』で書いちゃう元近鉄のビッグワンこと鈴木啓示の図々しさを今こそ見習う時がきた。昭和や平成のしくじりも、令和で総括して笑い飛ばせばいい。もう敗北の歴史やしくじった過去から、逃げる必要なんかないのだ。

本当にあった最弱球団の話の数々は、再生と希望の物語でもあるのだから。

第1章

ズンドコの巨魁たち

～昭和の章

1958-1988

1958年の加藤近鉄編

すべては長嶋茂雄から始まった。

1958（昭和33）年、立教大学から巨人軍に入団したゴールデンボーイは、同年春の記念すべき『週刊ベースボール』創刊号表紙を同僚の広岡達朗とともに飾っている。開幕戦で国鉄スワローズのエース金田正一からフルスイングの四打席連続空振り三振を喫すると、誌面には「プロ野球の勝利」「プロの面目を保つ」といった見出しが踊った。なお、当時27歳のカネヤンはのちに「この年、私は長嶋を倒さんがために努力したおかけで、オールスターまでに20勝しちゃったんです。防御率は限りなくゼロに近く、64イニング無失点。竹村さん、これはすごいことなんですよ。おそらく世界でも例がない」なんてジャーナリスト竹村健一との対談で自慢しちゃう日本最強投手レベルの絶頂期。なんにせよデビュー時から、「長嶋vsプロ野球」といううめちゃくちゃな期待値を背負った男への注目度は桁違いで、『週刊ベースボール』1958年4月30日号は後楽園の株価がうなぎのぼりと報じ、「野球ブームの到来を、

1958年（昭和33年）ってどんな年？

東京タワー完成。1万円札発行。映画『くたばれ!ヤンキース』公開。石原裕次郎『嵐を呼ぶ男』。エルヴィス・プレスリー『冷たい女』。原辰徳誕生。世界初のインスタントラーメン「チキンラーメン」35円で発売。新三種の神器に洗濯機・冷蔵庫・白黒テレビ（テレビの普及率は10%ほど）。

相場屋さえも素直に認めたといえるだろう。そのブームの頂点に立つ人が長嶋である」と分析している。そして、ゴールデンルーキーは衝撃の4三振デビュー後、破竹の快進撃で三冠王を狙える勢いで打ちまくるのだ。最終的に、新人王だけでなく、本塁打王、打点王、盗塁王とタイトルを総なめにして巨人のリーグ優勝に貢献。一塁ベース踏み忘れで29本塁打となったため、史上初の新人トリプルスリーを逃す〝チョンボのチョーさん〟キャラも愛され、スーパースターの階段を駆け上がる。もはや戦後ではない。背番号3は高度経済成長の象徴となり、プロ野球は長嶋とともに歩み、昭和の国民的娯楽として定着する。

というわけで、1958年のプロ野球は「長嶋デビュー」のシーズンとして記録にも記憶にも残っているわけだが、実はその裏でプロ野球史上最低の勝率を叩き出したチームがあった。近鉄パールスである。だが、当時のパ・リーグは神様・稲尾和久や怪童・中西太を擁する西鉄ライオンズや、前年初の本塁打王を獲得した野村克也のいる南海ホークスが人気で、ぶっちぎりで弱かった近鉄の情報量は極端に少ない。いやゴメン、ほぼゼロだ。ちなみに2023年にベースボール・マガジン社から発売された『よみがえる1958-69年のプロ野球』シリーズの1958年版の近鉄パールスのページでは、こんな注釈が書かれている。「パの最下位を独走した近鉄。残念ながら1958年の週刊ベースボールにはロングインタビューが1本もなかった。やむを得ず、2つのショートインタビューを収録させていただく」って、週べにすら情報ないのかよっ！　ネッシーとか、本能寺の変と同じく歴史上のミステリーである。恐らく、これを読んでいるあなたも、書いてる俺も1958年の近鉄パールスをリアルタイムで見ていない。もはや徳川埋蔵金を探す気持ちで、近鉄パールスの真実を発掘するため67年前の資料と向き合うしかないのだ。

ちなみに創刊当時の『週刊ベースボール』には「12球団週間報告」というコーナーが各1ページずつあるが、近鉄パールスの情報は基本ここと試合スコアだけである。泣ける。巻頭でルーキー長嶋が10ページぶち抜きで特集されているのとは対照的に、違う競技をしているかのような球団格差だ。6位の前年途中から近鉄の代行監督となり（パ・リーグは1957年まで7球団制でオフに大映と毎日が合併して6球団制に）、この1958年から正式な監督になった加藤久幸は、週べ誌上で力強くこう宣言する。

「近鉄の戦力は正直にいって優勝を論ずるに足りない。だから『ビリになるな』とか『何位を目標に』ということをナインに押し付けないつもりでいる。ただ。強調したいのは「東映との最下位争いではいけない」ということだ。つまりビリにならないために、こせこせしたゲームをしたくないのだ」

監督自ら「ビリ」を連呼する最下位の大本命だったものの、球団は内野席150円の時代に7500万円をつぎ込んでナイター設備を着工した日生球場を準本拠地で使用申請。アンダーシャツ、ストッキング、胸のマーク、帽子のツバとすべて澄んだ赤で揃え、白が基調のユニフォーム本体は縦に赤い線が入ったヤンキーススタイルに新調も、主力打者でシーズン中に結婚する小玉明利は「まるでチンドン屋ですよ……」とむくれ顔。当時はまだ赤をメインにした派手なデザインは異端だった。そうこうするうちに4月5日の開幕戦、大毎に0対9の完封負けスタート。あまりの完敗ぶりにいきなりチーム内には「縁起でもない」と沈んだ空気が漂うも、コーチ兼任のベテラン遊撃手・木塚忠助の愛車オースチンが同僚たちにも人気。まだ自家用車を持っている選手も少なく、藤井寺でのゲームには5人も乗り込みドライブだ。木塚は「これでね、ゲームに勝ってサッソウと帰るんだったら張り合いがあるんだが、負けてばかりいてはネエ」と泣けてきちゃったお父つぁん。

だが、開幕3試合目の西鉄戦で前年まで西鉄に在籍した大津守の快投で、1対0の1958年シーズン初勝利。よしいけるでと思ったら、直後の東映戦からあっさり7連敗を食らい、早くも最下位独走。中3日の休養をとったエース大津を起用しなかったことに一部選手が「いったいウチは最下位になるつもりなのか」と息巻いたが、当時の先発投手は中3日とれば十分という超ブラックな環境で投げまくっていたのである。二刀流の先駆者、3番打者の関根潤三が自打球を左スネに当て3カ月も戦線離脱するアクシデントもあり、浮上の兆しすら見えてこない。

しかし、だ。甲子園の阪神対巨人戦で初ナイター開催のニュースの裏で、4月24日の南海戦、近鉄打線は両リーグを通じてシーズン初の毎回安打を記録。14安打8点の開幕以来最多の得点に、加藤監督は「ウチがこんなに打つとはネ。こりゃあ明日から大嵐になるぜ」なんて一寸自虐ギャグ。4月27日現在、17試合でわずか3勝と勝率・206の最下位だが、週べ試合寸評も「こんどの三連戦では草野球をみまがうばかりの近鉄の下手な試合運びと救援投手の非力が目立った」とか「東映に勝って、どうにかこのカードでの五連敗をまぬがれるとともに開幕以来の四勝目を記録した。しかし四勝といえば金田正一（国鉄）一人の勝星の半分にも満たないものである」なんてナチュラルに舐められ、5月11日時点で勝率・154とKO寸前のフラフラぶり。リリーフ陣もメロメロで「近鉄は消防夫を出さないで放火魔を出す」と笑われるピンチの火消し役の不在に泣いた。誰がダメというより、ほぼ全員ダメ。好調な二軍から選手を呼ぶも上げた途端ダメの負のループ。6月2日の順位表は1位南海から5位東映まで全チーム5割以上の混パの中、借金24とイチ球団でリーグの全借金を背負う異常事態に。梅雨時期の観衆二千人ほどの日生球場には、小さな虫が大量発生しまくり選手は必死に振り払うも、6月中もボコボコにされる非情な9連敗と、果たして心折れずペナントレースを最後まで完走できるのか……緊張感漂う近鉄鈍行列車である。

同じ頃、日本テレビの清水与七郎社長が会見を開き「新宿区西大久保の旧帝国石油の所有地約1万坪を買収、世界初の屋根つき野球場を建設。円形二階建、もしくは三階建で収容人数は8万人を予定」とのちの東京ドームを先取りするかのような壮大な計画を報じる『週刊ベースボール』1958年7月2日号では、近鉄が開幕44試合目に初の連勝を飾り、翌日も勝って奇跡的な3連勝を達成したことを「前代未聞の連勝騒ぎ」と取り上げている。皮肉にも図抜けた弱さに近鉄への注目度は日増しに上がり、甲子園での阪神対国鉄戦の試合中にスコア速報がアナウンスされた際、近鉄がリードしていると客席から大歓声をもって迎えられたという。西宮、広島といった日本各地の球場でも同様の現象が見られ、週べではセ・パの垣根を超越した近鉄を「いまや超リーグ的存在」と書き立てた。

その後もまるでスーパーサイヤ人のようなテンションで負け続け、「もはや救いがたき転落」、

「勝って騒がれるもの。一に金田、二に近鉄」なんて見出しが続く凄まじいドライブ感で球宴折り返し時には借金47のパールスの惨劇。佐伯勇球団社長は「絶対にリーグのお荷物的な存在になってほしくないと思っていたのだが、現状では残念ながらお荷物になっている。このうえは総力を結集して南海や西鉄という横綱を倒す殊勲力士になってほしい」と声を絞り出した。苦しい、マジで苦しい。球宴を挟んで10連敗、そやけどこんな時こそ投げたらアカンのや。「オレは〝自信〟に満ちあふれている。この生き生きしたオレが切り札や！〝オレはカネがない〟というセリフを、いかに自信たっぷりに口にできるか」なんて全力で開き直れる元近鉄のビッグワンこと鈴木啓示が入団するのは8年後で、投打ともにパールスの役者不足は明らかだった。

それでも、10連敗を脱出した直後、8月10日の東映戦ではシーズン初の二ケタ得点となる18安打10得点を奪い近鉄ベンチはお祭り騒ぎに。8月下旬にはシーズン二度目の3連勝と南海や阪急と激しいV争いをする西鉄に手痛い黒星をつけた。しかし、8月30日の大毎戦を落とし、全球団への負け越しが決定。最下位確定も秒読みで、「近鉄は今季30勝できるのか」が賭けの対象となり、この窮状にオーナー会議で、佐伯社長が「選手をとることに協力を願いたい」と異例の申し出を行った。南海には4勝21敗1分けとまったく歯が立たず、「問題にならない投打」と週べ週間報告も完全に投げやり。西鉄の稲尾には怒涛の通算20連敗。閉幕も4連敗締めと首位・西鉄と49・5ゲーム差、5位の東映とすら27・5ゲーム差の前代未聞の最下位独走ぶりに加藤監督の責任を追及する声も当然上がる。しかし、自ら辞意を表明した加藤に対して、球団内からチーム打率・215、12球団ワーストの防御率4・04という陣容では、「おそらく他に引き受ける人がいないから」という悲しい理由で留任を予想する向きもあった。この頃、近鉄ナインはゴルフブームで、運転免許欲しさに次々と自動車学校に通い出す……って練習しようよ！　ねぇ練習！　なんて誰もが思う中、スカしっ屁のように『週刊新潮』で「最下位の身にもなって」と「私をスキーに連れてってって」風の特別レポートが掲載。古参の選手が「ウチの選手ときたら、早く試合を終えてユニホームを脱ぎたがっている」と吐き捨て、「なにしろ、年間の興行収入が巨人阪神戦の三回分にしか当たらない」と観客動員の苦戦ぶりも暴露されるのであった。

終わってみれば、1958年の近鉄パールスは130試合制で29勝97敗4分け、勝率・238。1955年の大洋ホエールズと並んでワーストタイの勝率だが、1958年は引き分けを0・5勝と計算したため、現代の計算ならば勝率・230という史上最弱チームとなる。

同年秋、日本シリーズで西鉄に3連勝後の4連敗で敗退した巨人は、〝打撃の神様〟川上哲治が現役引退。入れ替わりでプロ入りしたのは、本人は投手志望だという早実の王貞治だ。のちのON砲結成という歴史の裏で、近鉄パールスはこの年限りで、ひっそりと近鉄バファローに生まれ変わった。巨人二軍監督の〝猛牛〟千葉茂を新監督に招聘しての再出発だったが、悲劇は繰り返される。

3年後の1961年に千葉近鉄は、プロ野球ワーストの年間103敗を喫するのである。上には上がいる。ズンドコを超えるのはいつだってズンドコだ。現役時代は巨人の名二塁手で鳴らした千葉は、近鉄でこんなパワーワードでディスられることになる。

「地上最低の監督」と――。

1958年近鉄パールス主力メンバーと年間戦績

1958年加藤近鉄・ベストオーダー

打順		選手名	試合	安	本	点	率
1	左	加藤 昌利	62	43	5	10	.265
2	遊	鈴木 武	105	79	1	17	.231
3	右	関根 潤三	59	54	1	17	.254
4	三	小玉 明利	115	124	6	43	.301
5	二	戸口 天従	99	58	4	33	.240
6	一	加藤 晃郎	115	78	3	33	.199
7	中	伊香 輝男	83	58	2	21	.272
8	捕	佃 明忠	106	54	8	25	.209
9	代打	日下 隆	81	54	0	6	.231

1958年加藤近鉄・投手陣

選手名	登板	勝	敗	S	率
大津 守	46	10	22	0	2.99
武智 文雄	31	4	10	0	3.80
黒田 勉	37	4	12	0	4.72
伊藤 四郎	32	3	14	0	4.12
榎原 好	24	1	13	0	5.55
吹田 俊明	29	1	2	0	4.83
山下 登	46	4	15	0	4.47

ニケタ本塁打は0人。パ他5球団がチーム防御率2点台の中、4.04という投壊状態だった。唯一のニケタ勝利を挙げた大津も22敗はリーグワースト。新婚の小玉が打率.301とひとり気を吐いた。なお、近鉄パールス最後の監督、加藤久幸は1961年2月に43歳の若さで亡くなっている。

1958年の加藤近鉄・ズンドコグラフ

年間推移&精神収支

年間を通してのズンドコにつき描写不可

3月 4月 5月 6月 7月 8月 9月

1958年パ・リーグシーズン最終成績

順位	球団	勝	敗	分	勝率	ゲーム差
1	西鉄	78	47	5	.619	―
2	南海	77	48	5	.612	1.0
3	阪急	73	51	6	.585	4.5
4	大毎	62	63	5	.496	16.0
5	東映	57	70	3	.450	22.0
6	近鉄	29	97	4	.238	49.5

歴史的に見てもここまでひどいチームはそうなかなかいない。仮にもプロ。何をどうしたらここまで負けられるのか？　あまりの悲劇にグラフを描くことはやめました。

1962年の砂押（金田）国鉄編

今日の打席、本塁打数に盗塁数、新妻のファッション、愛犬の名前……。

それらが社会的ニュースとして大量に報道され、令和の日本に住む俺らは気がつけば大谷翔平に詳しくなっちゃうリアル。この手の野球界の国民的スーパースター枠は、昭和の長嶋茂雄から始まった。今から60年以上前、『週刊ベースボール』1962年1月22日号では「長嶋はアメリカになにをしに行ったのか」という特集が組まれている。とはいってもシリアスなメジャー移籍とかではなく、石原裕次郎夫妻らとのプライベートのアメリカ旅行で「独身生活最後の旅？」、もしくは「婚約旅行という噂」と下世話なノリでみんな大好きチョーさんを追いかける。ペナントレース中も遠征先の駅の売店でミスターが文春の漫画読本を買ったら、店員に「去年も漫画読本をお買いになりましたね」と指摘され「ウェーッ」

1962年（昭和37年）ってどんな年？

ザ・ビートルズがレコードデビュー。マリリン・モンロー急死。後楽園ホール開場。ファイティング原田が世界フライ級王者に。黒澤明監督『天国と地獄』。コメディ時代劇『てなもんや三度笠』。橋幸夫・吉永小百合『いつでも夢を』がレコード大賞。猪木完至がリングネームを「アントニオ猪木」に。

と列車に逃げてしまった……という恐ろしくどうでもいいネタが巨人週間報告コーナーのトップニュースを飾るナガシマ・アズ・ナンバーワン時代。なお、この1962年の7月に22歳の若者が一本足打法となり、当初は客席から「犬が小便するマネはよせ」なんてマジで見る目がない野次が飛んだ。のちに世界のホームラン王となる王貞治だ。王はこの年、初の本塁打王と打点王に輝き、球界に巨人の〝ON時代〟が到来。そんなホームラン伝説の始まりの歴史的シーズンに2リーグ制以降最低の「チーム打率・201」を記録したのが国鉄スワローズだった。

前年の1961年は天下の長嶋を「シゲ」と可愛がる大エース金田正一が11年連続20勝を達成。当時の投高打低の球界でセ・リーグ5位のチーム打率・227と貧打に泣くも、砂押邦信監督の1年目で球団初のAクラス入りを果たした。砂押は立教大学の監督時代に長嶋を厳しく指導したことで知られる（というか体罰が厳しすぎて部員からの排斥運動により職を追われた）鬼軍曹だが、カネやんだけはもちろん治外法権である。そんな国鉄スワローズは1962年に思い切り優勝戦線から脱落というか脱線するわけだが、今回は球史に残るズンドコ打線と〝天皇〟と呼ばれたカネやんの哀しくも笑いに満ちた戦いの物語である。

日本一の歌手を目指して金田弟歌手に転業……ってあれっ？　いきなりそれ？　そう

1962年オフシーズンの国鉄の話題は、前年限りで国鉄のユニフォームを脱いで歌手に転身した金田星雄が独占していた。「兄貴が日本一の投手なら、ぼくは日本一の歌手になりたい」と意気込みを口にするカネやんの実弟、そして「スポーツをした人だけありまして肺活量は十分ある」なんて謎の褒め殺しをするプロデューサー。星雄はキング・レコードに入社するとすぐデビュー曲の『初恋岬』を吹き込み、春日八郎似の美声を披露。カネやんは力道山が運営するリキ・スポーツパレスでトレーニングを積んでから、弟のデビュー曲のラジオ番宣やスチール写真にまで駆け付ける熱の入れようだった。

キャンプインすると、宿舎が用意する食事とは別に自分で高級食材を調達して調理するカネやん。酒はビールを少々嗜む程度で、鹿児島名物のブタの水炊きで野菜も多く採るように心がけ、「野球に限らずスポーツ選手は体が資本。ワシらみたいに高給取りは無駄な金は使わず、体力の源となる栄養食をじゃんじゃん取って、球団にお返しするのや」と昭和の球界で前衛的な食トレを自らに課していた。オープン戦期間中、弟の星雄がNETテレビの「お昼の歌謡曲」に出演する際は練習そっちのけでテレビの前にスタンバイ。ユニフォーム姿のまま弟の歌に真剣な表情で聴き入る兄の顔があった。今年のカネやんは大丈夫か……と訝しむ声もある中、開幕戦の4月7日大洋戦に先発すると、完投勝利に自らホームランを放つワンマンショーを披露。チームは相変わらず貧打の借金生活だったが、宿敵の巨人戦となると、頼りになるのは身長184センチのストロング金田だ。先発に加えて連日のリリーフ登板も、ショート西岡清吉のエラーでサヨナラ負けを喫すると、「もっとプロはプロらしいプレーをせんといかん。しかし、西岡も遊撃は久しぶりやからな。……長嶋を三振にとったときは、よかっただろう」なんつって、気がつけばナインへの怒りよりも投球の自画自賛で締めくくるカネやんであった。

6月2日の阪神戦では、3対3の8回から自らリリーフを買って出てマウンドへ上がり、13回表に決勝の4号アーチを放つ超人的活躍。あまりに不甲斐ない攻撃陣に喝を入れるべく、投球内容を聞かれても小雨の中で「ナイスバッティング!」と大声でシャウトし続けるヤバすぎる背番号34。なお、この年のカネやんは6本塁打を放っており、これは野手も含めてチーム3位タイの本数であった。そりゃあ監督以上に権力持っちゃうよと納得してしまう、エンペラーカネダの早すぎた二刀流である。

記者には「オレのようなポンコツのこと書かんと、新人歌手の弟の宣伝でもしてくれや」とうそぶき、ロッカールームでは「こんど吹きこんだヤツや。聞いてくれ」と新曲のレコード盤を配る頼れる兄貴。6月の国鉄は11勝7敗1分けと初の月間勝ち越しで4月末の6位から4位に順位を上げたが、7月1日時点の国鉄のチーム打率は驚異の「.199」と12球団ワースト。打率1割台という前代未聞の貧打もなんのその。大黒柱・金田は12勝6敗と勝ち越していたが、そのうち3敗は1失点完投しながらチームが完封負けを喫して0対1で敗れた試合だった。やがて踏ん張っていた投手陣が耐え切れなくなり、7月は6勝15敗。前半戦を5位で折り返すと、8月も6勝20敗1分けと国鉄は最下位へ沈んでいく。8月3日には、「フジテレビは、文化放送、ニッポン放送、および産経新聞と共に、国鉄スワローズとの間に事業提携を行なう」ことが発表される。赤字続きの球団経営に「公共企業体(国鉄)が水商売のプロ野球に乗り出すことは疑問」と世論の風当たりが次第に強くなりつつあった。

そんなチームへの逆風の中で明るい話題は、やはりカネやんだった。9月2日の巨人戦で最後の打者・代打藤尾茂を伝家の宝刀ドロップで三振に討ち取り、ゲームセット。大リーグのウォルター・ジョンソンの持つ通算3508個の奪三振世界記録に並び、5日の巨人戦で坂崎一彦から三振を奪い3509個の世界記録を樹立した。『週刊ベースボール』の特別手記によると、世界記録の懸かった前の夜は興奮して眠れず、夜中の二時ごろ寝静まった住宅地を大きな声で歌いながら歩き回りスッキリしたところでハイ帰宅! ってとんでもない近所迷惑野郎なんじゃ……なんて金田正一に真っ当な突っ込みは野暮だろう。いちおう断っておくと大ベテランのような香ばしい逸話ばかりだが、この時点でカネやんは29歳になったばかり（ただし終戦直後の日本国籍を取った際に2歳若くサバを読んでいた説も）。信じられないことに現在の大谷翔平より年下だ。9月15日の甲子園では、15年ぶりの優勝を目指す阪神の村山実と投げ合い1失点完投勝利。さらに自らのバットで決勝点を叩き出し、12年連続の20勝に到達。ちなみに王貞治はこの年の週べで自身のプロデビュー戦を振り返った際、「昭和34年（1959年）の開幕第1戦後楽園で国鉄とやったんですが、国鉄のピッチャーは金田さんでしたが、まだ金田さんが速いボールを投げていたころでした」なんてサラッと「あの頃は速かった」的にすでに全盛期は過ぎていることをカミングアウト。もはや下り坂……と言いつつ、翌1963年に5年ぶりに年間30勝を挙げちゃう怪物カネやんであった。

なお、9月19日の大洋戦から20日の中日戦にかけて、国鉄は「イタチの最後っぺ」と笑われながら5連勝を飾るが、この原動力は「代打金田」だった。22日の広島戦では、0対1で迎えた8回に広島のエース大石清から代打逆転2ランを右翼席に叩き込み、25日の中日戦でも代打で値千金の先制タイムリー。「神さま、仏さま、金田さま」と報じられる投打に渡る鬼神の如き大活躍。結局、国鉄は51勝79敗4分、勝率.392で2年ぶりの最下位に沈み砂押監督は辞任。史上最低のチーム打率·201、本塁打もわずか60本だったが、不思議とそこまでの暗さを感じさせないのは、やはり明るく豪快なカネやんの功績が大きいだろう。

ペナントの全日程終了後、本場のワールドシリーズを観戦したいと渡米すれば、金田が外国人選手の視察か……と現役選手なのに全権監督のような報じられ方をする一方で、『週刊読売』1962年11月11日号の観戦手記の中で、「投手に関する限り、日本から輸出しても、かなり通用すると思うし、稲尾とか秋山などの、小細工のきく投手なら、重宝がられるだろう」とすでに日本のトップレベルの投手なら大リーグで通用することを見抜く先見の明もあった。ただ、気ままにガチンコとズンドコの狭間を爆走するカネやんへの権力集中を危惧する球団関係者もいたようで、渡米中には毎日大映オリオンズの主砲・山内一弘との大型トレードが報じられる不穏な空気もあった。球界最強投手の推定年俸は当時としては破格の1080万円。焦点はA級10年選手のボーナスを巡る攻防だったが、「ワシは地上最大の作戦でいくんや。最初に五千万円とふっかければ、最後には三千万円位でカタがつくやろ、まあ見とってみ、封切りはもうすぐやで」と交渉前から豪語する男を徐々に国鉄は持て余すようになる。チームの韓国遠征前には、選手・関係者が渡航手続きを済ませても、カネやんひとりだけが外務省に現れず、マネージャーが青い顔をして方々に電話をかけて探すひと騒動も。あまりの自由奔放さに苦言を呈する声も当然あったが、一方で映画監督の大島渚は、「金田正一よ、これからはマナーもよくせよ、などという俗論がある。〔冗談じゃない」と愛のゲキを飛ばしている。「今のままでいい。監督の作戦が下手だったら、下手だと言え、内野がエラーをしたらグラブを投げろ。当たり前でないか。自分はそれだけ懸命になってるのだから。決して、人間たちのところへ降りて来ようなどと思うな。その代わり、投げつづけなければいけない。勝ちつづけなければいけない。三振を取りつづけなければいけない！」（映画芸術1962年11月号）

僕が僕であるために、金田が金田であるために勝ち続けなきゃならない——。この3年後の1965年、国鉄スワローズはサンケイスワローズへ生まれ変わり、ひとつの歴史が終わる。1964年オフ、前人未到の14年連続20勝を置きみやげにカネやんは、B級10年選手制度を行使して巨人へ移籍していたが、ある意味それは天上人・金田正一の〝人間宣言〟であり、俗世間という人間たちの価値観に降りて来た瞬間でもあった。大黒柱にして昭和最強の大エース。もはや凄すぎて、組織の中の権力や影響力は監督をも大きく凌ぐ。いや、ときにチームそのものより強大だった。そんな規格外のプロ野球選手は以降出現していない。

国鉄スワローズの金田正一は、球界のラストエンペラーだったのである。

1962年国鉄スワローズ主力メンバーと年間戦績

1962年砂押国鉄・ベストオーダー

打順		選手名	試合	安	本	点	率
1	中	丸山 完治	126	98	1	23	.210
2	一	星山 晋徳	121	74	5	28	.207
3	二	土屋 正孝	119	92	8	34	.213
4	三	徳武 定之	134	118	14	54	.244
5	左	佐藤 孝夫	113	64	6	21	.204
6	右	町田 行彦	124	48	3	25	.194
7	遊	杉本 公孝	110	58	3	12	.185
8	捕	根来 広光	130	72	5	19	.201
9	代打	金田 正一	63	23	6	18	.170

1962年砂押国鉄・投手陣

選手名	登板	勝	敗	S	率
金田 正一	48	22	17	0	1.73
村田 元一	24	12	16	0	2.36
北川 芳男	37	9	10	0	2.21
渋谷 誠司	42	6	8	0	3.05
鈴木 皖武	41	1	6	0	3.86
巽 一	34	1	10	0	3.82
田所 善治郎	34	0	5	0	2.67

首位阪神と24ゲーム差の最下位。徳武の14本塁打がチーム最多の貧打に泣く。金田は年間24完投に加えリリーフ登板、ときに代打で決勝打と超サイヤ人レベルの働きを見せた。12勝の村田は7月12日の阪神戦で9回二死までパーフェクトも一塁線の打球がイレギュラーして記録はヒットの完全試合未遂事件。

1962年の砂押国鉄・ズンドコグラフ

年間推移&精神収支

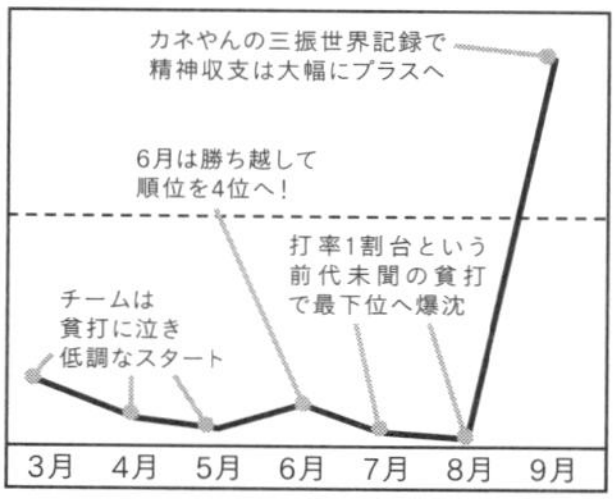

1962年セ・リーグシーズン最終成績

順位	球団	勝	敗	分	勝率	ゲーム差
1	阪神	75	55	3	.577	−
2	大洋	71	59	4	.546	4.0
3	中日	70	60	3	.538	5.0
4	巨人	67	63	4	.515	8.0
5	広島	56	74	4	.431	19.0
6	国鉄	51	79	4	.392	24.0

すべては金田正一カネやんに尽きる。というわけで、読んでるこちらも一切悲壮感を感じない豪快さと天性の明るさ、実力でチームの低空飛行も無かったことにできるタレント性。ほんとうに畏れ入る。

1975年の長嶋巨人編

かつて、1億人がワリカンした「国民的ズンドコ」があった。

1975年の長嶋巨人である。前年の開幕直後から、選手・長嶋ラストイヤーかつ来季からナガシマ監督誕生は既定路線という「さよならミスター興行」状態で、日本ハムの張本勲は「ぼくだって、招かれたら喜んで協力する。長島さんなら、巨人の監督はりっぱにつとまる」なんつってシーズン中にもかかわらずほとんど移籍志願で球団から〝喝〟。『週刊文春』も引退表明前から「長島監督に捧げたい『夢の全日本チーム』を作ろう」なんておせっかいかつ早すぎる侍ジャパン特集を組んでいた（当時の報道は〝島〟表記）。この年、巨人は前人未到のV10を逃し、1974年10月14日の後楽園球場で、「巨人軍は永久に不滅です！」という球史に残る名台詞とともに背番号3はユニフォームを脱いだ……と思ったら、直後の11月から未曾有の長嶋監督フィーバーが幕を開ける。

1975年（昭和50年）ってどんな年？

ペヤングソースやきそば発売。ハイチュウ登場。映画『エマニエル夫人』大ヒット。アニメ『タイムボカン』放送開始。ベルばらブーム。3億円事件時効成立。萩原健一主演ドラマ『前略おふくろ様』。漫画『サーキットの狼』。赤ヘル旋風で広島カープ初V。アイドル雑誌『週刊平凡』表紙回数トップは山口百恵、男性は沢田研二。

38歳の青年指揮官は、V9を達成した偉大なドン川上哲治監督から自立しようと、コーチ人事に川上の推す人材をあえて採用せず、自らの意志に沿って首脳陣を組閣する。背番号3の陰に隠れて、ひっそりと引退した名捕手・森昌彦（森祇晶）にもポストは用意されなかった。これによりコーチ職を逃し再就職が遅れたOB連中が、ナガシマ批判の急先鋒と化していくわけだが、それはもう少しあとの話だ。若きミスターは改革のために精力的に動いた。11月末には強打の〝ポストナガシマ〟を求めて渡米。大リーグのウインターミーティングで自ら外国人選手を探した。ユニフォームの胸文字は伝統の花文字から、サンフランシスコ・ジャイアンツ風の角形書体へ変更。ダブついたV9スタイルの着こなしではなく、体にフィットした男性的曲線美を意識したフォルムへ。伝説の背番号3から、息子の一茂が決めた背番号90を背負い、キャッチフレーズの「クリーンベースボール」は脱川上野球の象徴と注目を集めた。

12月に発足した三木内閣は「クリーン内閣」を掲げ、年明けの『週刊平凡』では長嶋人気に便乗した「私は今年ここをクリーンにします」特集が組まれ、ザ・デストロイヤーが「世界中ノ公害ヲビー・クリーン、ネ」と謎の宣言をかまし、ドラフト1位ルーキーの甲子園アイドル定岡正二も参加した多摩川の初練習には2万人近いファンと追っかけギャルが集結。宮崎キャンプでミスターは、18歳のゴールデンルーキーとの対談企画で、「サダオカ、初めてか？　洋服着るの？」なんつって昭和球史に残る洋服問答を繰り広げ、宮崎ネオン街のママたちの間では、可愛い年下の男の子「定岡の童貞を破る会」が結成されたという。ドジャー・タウンを借りたフロリダのベロビーチキャンプへの注目度は高く、開幕前から週刊ベースボール増刊『ベロビーチに燃えた長嶋ジャイアンツ』が先走り緊急発売。もはや開幕前から、長嶋巨人のＶ１は決定的といった雰囲気だが、実は宮崎キャンプは初日から連日の雨に見舞われ肌寒く、狭い室内練習場や固い陸上トラックを惰性で走り込むハメに。風邪や故障者が続出しており、前年三冠王と絶頂期の王貞治もランニング中に足を傷めていた。渡米後もインタビューを受ける長嶋監督の傍らで、選手たちが麻雀に興じるユルさに記者陣も唖然。Ｖ９メンバーのベテランたちは「監督」ではなく現役時代のままの「ミスター」呼びするなど、恐怖政治の川上監督時代には考えらない光景に、距離感が近すぎると危惧する声もすでにあった。その上、自ら獲得交渉に当たった新助っ人候補も家庭の事情などでことごとく頓挫してしまう。

戦力補強もままならないまま、大黒柱の王は開幕直前に行われた川上前監督の引退試合を兼ねたオープン戦で左ふくらはぎ肉離れを発症。４月５日、巨人開幕スタメンからＯＮが消えた。カツカレーのルーとカツがない、あっさり白米風なＯＮのいないズンドコの極みのようなジャイアンツ打線。世代交代が急務のＶ９の出がらしのようなオーダーだったが、それでもミスターはなぜか試合前の走塁練習に参加して、「開幕からダッシュだ」と自ら一塁ベース付近から二塁へ向かって駆け抜けてみせた。あまりの選手層の薄さに〝長嶋の現役復帰〟という怪情報まで飛び交う中、大洋相手に開幕連敗スタート。エースの堀内恒夫は、同僚投手とじゃれあい首筋を痛める弱小校の高校球児のようなキャンプを送り、ミスターの提案で年頭から禁煙していたが、タバコをやめて食事が美味くなり気がつけば体重10キロ以上増。ウエートオーバーでキレがなく、精彩を欠き低迷する。代打出場が続いた王は4月19日の阪神戦からスタメン四番復帰。さらに懸案の〝ポストナガシマ〟には、純国産打線をかなぐり捨て、2年前にアトランタ・ブレーブスで43本塁打を放った大リーグ屈指の二塁手デーブ・ジョンソンを緊急獲得。だが、32歳のジョンソンは日本投手の攻めと慣れない三塁守備に苦しみ、攻守のスランプに喘ぐ。そんな異国の地であがく大リーガーをケアして……あげるのではなく、ミスターは、うら若き乙女のようにひとり悩む姿に「ジョン子ちゃん」と名付け突き放したことを自著『野球は人生そのものだ』の中でカミングアウト。あの頃、みんな若かった。

4月終了時に4勝10敗3分で最下位に沈むチームの不甲斐ない戦いぶりに、燃える男・長嶋はベンチ裏のコンクリート壁を蹴りとばし足首捻挫。仕方がないから、サブマネージャーに「おまえ代わりに蹴れ！」と謎の指令を出す怒れる青年指揮官であった。5月5日には、監督自ら一塁コーチャーズボックスに立ち、オーバーアクションでナインを鼓舞するも空回り。故障明けの王は本調子からは程遠く14年連続のホームランキングは絶望視され、ジョンソンは8打席連続三振のどん底。唯一の明るい話題は、『週刊明星』がすっぱ抜いた長嶋ジュニアの息子・一茂が所属する田園調布小学校4年1組の野球チームが強すぎて、5年生や6年生にも連戦連勝……ってミスターの息子は日本国民の息子状態である。6月には首位広島に9・5差離され、OBたちはこぞって長嶋采配を批判し出す。

だが、本拠地では、ある〝異常現象〟が起きていた。最下位の低空飛行にもかかわらず、過去最高ペースで大観衆がスタジアムに詰めかけたのである。昨年の満員御礼は17日間で3回なのに今年は16日間で早くも9回だと、ホクホク顔で語る後楽園球場の副支配人は長嶋監督人気をこう分析する。

「今日こそ勝ってくれるだろうと、期待をこめてファンが来てくださるんですね……。十年間球場には来なかったが、あまり負けるんで長島を応援に来たとか、なにか他人事とは思えないという中間管理職の方がどっとふえましたよ」(週刊ポスト1975年6月20日号)

テレビ視聴率は前年平均の17・6%を大きく上回る連日の20%超え。湯原昌幸が歌うキャニオン・レコードの『がんばれ長島ジャイアンツ』は5日間で10万枚を売り切り、ミスターが

CMキャラクターを務めるバーバリー・スーツはデパートのヒット商品となった。あの頃、ナガシマはGNP世界第2位のエコノミック大国ニッポンの象徴であり、それを支えるサラリーマンたちの活力源だった。とどのつまり、高度経済成長とは、長嶋茂雄だったのである。

王が通算650号を放った翌日の7月12日には、田園調布の高級住宅街で60余名がプロ野球史上初めて、監督を励ますデモ行進を日本雑学会の主催で決行。多摩川グラウンド横から田園調布駅前まで約2・5キロの道のりを「長嶋監督を励ます緊急大集会」や「全巨闘」といったプラカードを持った若者達が練り歩いた。V9直後、多くの巨人ファンは「弱いジャイアンツ」を見たことがなかったのだ。憎たらしいほど強かったあの巨人が最下位に低迷している。まったく勝てずに泥にまみれる盟主の姿は新鮮ですらあり、誰もが見たがるエンターテインメントとして成立していた。ただの悲惨なズンドコではなく、客を集めるZD（ズンドコ）レボリューション。やはり長嶋は生粋のショーマンだった。

オールスター休みに多摩川でミニキャンプを張り、猛練習に励むも効果なし。気がついたことがあったら書いてくれと選手にレポート提出を求めるが、関本四十四が書いた内容が監督批判と騒動に。やることなすこと裏目に出る中、5000万円の大型扇風機とディスられた〝ジョン損〟は左肩に死球を受け長い夏休みへ。8月14日の阪神戦に敗れ、早くも前年の50敗に並び、

9月には球団ワースト記録の11連敗でジ・エンドだ。ミスターは来季へ向けて若手サウスポーの新浦寿夫を育てるため、新浦本人が「もう二軍に落としてくれ」と願おうが、どれだけ打たれようが、例え味方ファンから野次られても投げさせ続けた。すでに各マスコミも書きたい放題で、「史上最低巨人軍再建策研究 長島監督よ王選手〝放出〟がいちばんの手だ」(週刊ポスト1975年9月12日号)、「大手術不可能の〝長島・巨人〟はストーブ・リーグでも最下位か」(週刊ポスト1975年10月24日号)、「長島一茂クン(小学4年9歳)がリトル・リーグの『クリッパーズ』に入団、背番号『90』」(週刊平凡1975年9月25日号)ともはや国民のオモチャ状態である。イースタンでは二軍がV3を達成するも、毎年一軍をサポートする二軍の打撃投手がこの年はなぜか来ないといった、組織内の足の引っ張りあいも目立った。

10月15日には、後楽園球場で球団初Vを達成した広島ナインの胴上げを見せつけられ、屈辱の中で長嶋巨人1年目は終わる。130試合47勝76敗7分。開幕6試合目の4月12日に6位転落すると、以降どん尻から一度も浮上することはなかった。球団創立40年目で初の最下位、初の全球団負け越し、戦後ワーストの首位・広島と27ゲーム差、同じく戦後ワーストの勝率・382。一方で前年比9・7%アップの観客283万人は球団新記録でもあった。まさに歴史的な熱狂の中で惨敗に終わった〝Gメン'75〟は、逆襲に向けてオフは派手に動く。12球団最低のチーム打率.236の貧打解消と33本塁打に終わった王を復活させるため、トレードで「パ・リーグの四番として（同い年の）ワンちゃんを助ける」と意気込む日本ハムの張本勲を獲得。一新した首脳陣に対しても、最下位チームが遊んでられるかとゴルフ禁止を命じた。翌1976年、この〝OH砲〟を打線の軸に据え再建。投手陣も西鉄からトレードで獲得した鉄仮面・加藤初の活躍や未完のサウスポー新浦の成長もあり、長嶋巨人は最下位からの劇的な優勝を飾ることになる。

その後、通算6シーズンで2度のリーグVを飾るも日本一には届かなかった第一次長嶋政権は、3年連続V逸の1980年限りで「男のケジメ」と終焉。前年秋、伊東キャンプで徹底的に鍛えた中畑清や篠塚利夫が育ち、江川卓も空白の1日騒動のブランクによる錆が取れ、さぁこれからという時の電撃辞任だった。

結局、昭和の長嶋巨人は未完のまま終わった。未完成で終わったからこそ、物語は平成の第二次長嶋政権へ続き、「国民的ズンドコ」は、球史に残る同率優勝決定戦の10・8決戦「国民的行事」へと繋がったのだ。

1975年、巨人軍創立以来初の最下位転落――。今から50年前、天下のミスターがやらかした究極のしくじりがその後のプロ野球を作った。

いつの時代も失敗は成功のマザーだ。

1975年読売ジャイアンツ主力メンバーと年間戦績

1975年長嶋巨人・ベストオーダー

打順		選手名	試合	安	本	点	率
1	中	柴田 勲	126	118	10	45	.262
2	二	土井 正三	111	123	3	47	.254
3	左	淡口 憲治	114	92	12	42	.293
4	一	王 貞治	128	112	33	96	.285
5	右	末次 利光	113	80	13	46	.252
6	三	ジョンソン	91	57	13	38	.197
7	捕	矢沢 正	100	70	7	34	.254
8	遊	河埜 和正	90	57	6	17	.227
9	代打	高田 繁	123	78	6	31	.235

1975年長嶋巨人・投手陣

選手名	登板	勝	敗	S	率
堀内 恒夫	38	10	18	0	3.79
横山 忠夫	25	8	7	0	3.41
高橋 一三	39	6	6	0	3.57
新浦 寿夫	37	2	11	0	3.33
小林 繁	28	5	6	0	3.31
高橋 良昌	53	1	3	2	2.53
小川 邦和	53	8	10	4	3.74

王は5年連続打点王も、本塁打王を田淵幸一(阪神)に奪われ14年連続キングはならず。エース堀内は最終戦でなんとか二ケタ到達。ヒット1本200万円と揶揄されたジョンソンは、怒りの長嶋監督から「ユー・アー・ウーマン?」なんて屈辱の言葉を浴びせられるも、本職の二塁に戻った翌76年は26本塁打を放ちV1に貢献した。

1975年の長嶋巨人・ズンドコグラフ

年間推移&精神収支

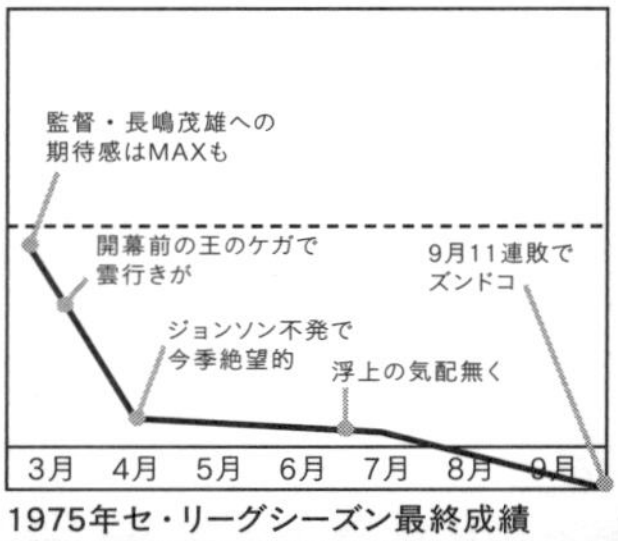

監督・長嶋茂雄への
期待感はMAXも
開幕前の王のケガで
雲行きが
ジョンソン不発で
今季絶望的
浮上の気配無く
9月11連敗で
ズンドコ
3月
4月
5月
6月
7月
8月
9月

1975年セ・リーグシーズン最終成績

順位	球団	勝	敗	分	勝率	ゲーム差
1	広島	72	47	11	.605	—
2	中日	69	53	8	.566	4.5
3	阪神	68	55	7	.553	6.0
4	ヤクルト	57	64	9	.471	16.0
5	大洋	51	69	10	.425	21.5
6	巨人	47	76	7	.382	27.0

さすがのミスター。中途半端に負けない圧倒的敗北でフィニッシュするのもスターたる所以である。

1979年の広岡ヤクルト編

「まぁそうムキになって質問されても困るんですけどね。興奮しないで、抑えて、抑えて、抑えて」

あの頃、江川卓は、日本最大級の悪役だった。1978年から1979年にかけて、球界は「空白の1日」騒動で揺れていたのだ。「抑えて、抑えて。まあ、ボクの話も聞いてください」なんて親方をなだめている内に自身が興奮して「なんだ、バカ野郎!」と部屋を飛び出した元横綱・双羽黒こと北尾光司……とは違い、江川は憎らしいほど冷静だった。1978年ドラフト会議前日に巨人が、江川と選手契約を結んだと一方的に発表するなり球界は大混乱に陥った。当初は江川すらも大人たちの駆け引きに巻き込まれた被害者という雰囲気だったが、その物怖じしないふてぶてしい言動と、巨人のエース小林繁がキャプイン前日に江川と交換で阪神へ移籍する衝撃の結末で、怪物投手は稀代のヒールとして憎まれることとなる。

1979年(昭和54年)ってどんな年?

近鉄バファローズ創立30年目の初V。ソニーから「ウォークマン」登場。松田優作主演ドラマ『探偵物語』。サザンオールスターズ『いとしのエリー』。西城秀樹『YOUNG MAN』。映画『銀河鉄道999』公開。やおきん「うまい棒」発売当初の味はソース味、サラミ味、カレー味の3種。

当時、前代未聞のお騒がせヤングマン江川とどう向き合うべきか、というのは球界関係者に突き付けられた踏み絵だった。

巨人の長嶋茂雄監督は、「6月1日からの阪神3連戦（後楽園）には江川君を投げさせ、小林君と対戦させます」なんてぶち上げ、「週刊ベースボール誌上で2人の対談をしませんか」とアントニオ猪木ばりにスキャンダルを興行に結びつけない奴は経営者として失格的なショーマンぶりを発揮。対照的に、「江川？ あんなのアマチュアに毛が生えたようなもの。そんな投手にプロの一軍の打者が抑えられて負けたらプロの恥、即プロを解散したほうがいい」と挑発的な発言を残したのが当時ヤクルトスワローズ監督の広岡達朗である。そう、90歳を超えた今も『阿部巨人は本当に強いのか』と優勝に冷や水ぶっかける著書を出し、『週刊ベースボール』の連載では、「今の巨人は堕落している」なんて令和でも変わらず古巣巨人に対してブチギレ続けている球界の白髪鬼だ。

広岡は1976年途中にヤクルト監督に就任すると、1977年には球団初の2位と躍進。そして、巨人コンプレックスを解消しようとライバルと同じく海外へ飛び、ユマキャンプを敢行して臨んだ1978年には、チーム創立29年目で初の日本一へと導いた。万年Bクラスのズンドコチームを率いて、禁酒・禁煙・禁麻雀を打ち出し、選手の食事にまで気を配るロジカルでクールな青年指揮官。厳しさの一方で優勝すると、「わたしの采配がよかったからではない。

選手が自分の力を確認し、努力したからだ」と部下たちを褒めてみせた。

海軍の技術将校だった父を持ち、自著のタイトルはど真ん中の『私の海軍式野球』。『週刊ポスト』で「今の選手は植木や。誰かに水をまいて貰い、温室のなかで見てくれの良さだけを楽しむ植木の野球や。ワシは雑草の力強さと生命力が好きや」なんて若者達に吠えながらも自分はフグの食いすぎで痛風に悩まされる元近鉄のビッグワンこと鈴木啓示のド根性野球とは一線を画す、ビジネスライクな〝管理野球〟。その目新しさは世のおじさんたちやサラリーマン受けもよく、『サンデー毎日』の「'79日本の実力者たち」特集では、〝46歳の元海軍軍人の末っ子らしい指揮官スピリット〟と映画『ランボー』のような世界観で絶賛をされている。

さらに、当時のヤクルトはアートやサブカルとの親和性が非常に高かった。同じ東京のチームで圧倒的な社会的知名度と人気を誇るメインカルチャーの巨人に対する、一種のカウンターカルチャーとして支持するファンも多かったのである。ジャズシーンの人気トロンボーン奏者・向井滋春は、自身のアルバム『ヒップ・クルーザー』に〝広岡達朗とヤクルト軍団に捧ぐ〟と副題がついた「V1ーファンク」を収録。さらに神宮球場の外野芝生席でひとり寝転んでビールを飲みながら、広岡ヤクルトの試合を観戦していた無名の青年は、デイブ・ヒルトンが第1打席で快音を響かせ、左中間に二塁打を放ったのを目撃して「そうだ、小説を書いてみよう」

と思い立つ。それが〝小説家・村上春樹〟誕生の瞬間である。

そんな時代の最先端を席巻したヒロオカバブルだったが、1979年シーズンは出足からつまずく。前年の3連勝スタートとは対照的な開幕3連敗を喫して、そこから1分けを挟み泥沼の8連敗。5月は13勝8敗3分けと巻き返し、36試合目に一時勝率5割に戻すも、6月には再び8連敗で、スポーツ紙の「広岡監督更迭」の見出しに激怒したボスは新幹線のグリーン車内で広報担当を怒鳴りつけた。もともと松園尚巳オーナーは前年のV争いの渦中に「今年は優勝しなくてもいい。2位で十分」と発言したり、「巨人あってのプロ野球だから、巨人は大事にしなければいけない」と公言する現代なら炎上間違いなしの個性派オーナーとして知られており、前年オフには広岡が希望したロッテ山崎裕之獲得のトレード話が寸前で潰されるなど、決してフロントと現場は一枚岩ではなかった。

その渦中、追い打ちをかけるように野球小説『監督』（海老沢泰久／文藝春秋）が発売される。主人公の広岡達朗が架空のプロ野球チーム「エンゼルス」の監督となり、弱小球団を再建していく物語。広岡以外はオーナーや選手・コーチも架空の人物となっているが、そのモデルたちは名前以外、誰のことを指しているのか一目瞭然で、主力打者の杉浦享は『週刊文春』の直撃に「ウチのことが書かれていて面白いと皆がいうんで、本を買って、表紙を隠して読みました。一日で読んじゃったけど、高柳コーチのモデルと思われる人物は気の毒ですよね」と心配している。物語でフィールディング・コーチの高柳は野球賭博に絡む悪役として登場するが、細部の人物描写は現実でオーナーお気に入りの次期監督候補・武上四郎打撃コーチそのもの。武上本人は「読みましたけど、ノーコメント」と憮然たるスルーも、出版記念パーティーに出席した広岡は壇上に立ち、皮肉たっぷりのスピーチをしてみせた。

「私はジャイアンツにいたころ、ベースボール・マガジンに内幕を書いてクビを切られた。今度もどうかなと思ったが、オーナーが立派な人間として、実際以上によく書かれているから、クビになることはないでしょう」（週刊文春1979年5月31日号）

もはや爆発寸前の火薬のような緊張感が漂う中、6月30日付け日刊スポーツには「広岡内閣に亀裂　森ヘッド降格?武上コーチと交代か」と報じられ、憤慨した広岡が松園オーナーに電話をかけ、現体制のまま戦うことを確認する騒動もあった。前半戦終了時に借金12の最下位で、首位中日とは10ゲームの大差をつけられ折り返し。1年前はあれだけ称賛された管理野球も結果が出なくなると、ヤクルトの地方販売会社の社長たちから、「遠征で地方に来ても挨拶ひとつこない、早大出のお高くとまっているキザな奴」とこれはこれでケツの穴の小さい広岡批判も出てくる。さらには佐藤邦雄球団社長が選手の監視役として疎まれた森祇晶、植村義信両コーチの降格をしつこく広岡に迫り、すでに両者の関係は冷えきっていた。

そして、8月17日、チームに激震が走るのだ。佐藤球団社長は、両コーチを神宮のクラブハウスに呼んで、「森はヘッドコーチの肩書きをはずし、作戦コーチへ。植村は二軍行き」と言い渡す。要は降格人事である。理由は「指導が厳しすぎるから」というプロとして耳を疑うものだった。怒った広岡は、「球団命令でも受けられません」とその夜の巨人戦の指揮を拒否、退団の意志を表明したのだ。17日午後三時過ぎ、広岡はいつもなら後楽園球場へ向かう愛車フォルクスワーゲンを、世田谷の自宅へ走らせた。慌てた球団側は、佐藤孝夫打撃コーチを監督代行に緊急指名。しかし、佐藤はその夜の自チームの先発投手すら知らなかった。球団側は職場放棄による〝辞任〟とみなし、広岡は球団都合の〝解任〟と主張。オフに新たな3年契約を結んだ際に約束した「全面的バックアップ」の約束が守られなかったと代理人の弁護士を通して球団にアピールを続け、複数回の話し合いが行われ、8月29日に退団が正式決定。会見で広岡は「いま、オレは我が家自慢の展望風呂にゆったり身を沈め、そこからみえる大阪湾の百万ドルの夜景をながめながら感慨にふけっている」なんて元近鉄のビッグワンこと鈴木啓示のようにマジわけの分からない自慢をかますわけでもなく、冷静に「退団にあたって」という声明文を発表するなど、残り2年分の年俸に固執するよりも最後まで己の美学を貫いた。

そんな広岡の組織と戦う姿は多くのファンから支持され、マスコミ各社も好意的に報じた。混乱状態のまま戦ったヤクルトは、借金21で首位カープと19ゲーム差。最下位が確定した翌日、皮肉にも二軍が7年ぶりの優勝を飾った。前年限りで、守れないからとパ・リーグに放出した主砲のチャーリー・マニエルが、移籍先の近鉄で本塁打王を獲得してチーム初Vの立役者となる痛恨の編成ミスもあった。6月2日以降、最下位から浮上することはなく、チーム打率、防御率ともにリーグワースト。1年前の日本一が嘘のようにヤクルトは再び長い低迷期へと沈むことになる。

振り返れば、巨人時代に『週刊ベースボール』で書いた手記が、首脳陣批判と受け取られ、川上哲治監督との関係が悪化。結局、「巨人の広岡として死ぬ」と決め、34歳で現役を引退した。直後にフロリダ州ベロビーチのドジャー・タウンへ巨人キャンプの取材に行ったら、用意されていたはずの部屋はキャンセルされ、ダウンタウンのホテルに案内される。巨人側のある人物から「広岡をタウンにいれないでほしい」と申し入れがあったという。まさに人生最大の屈辱を広岡は自著の中で、「私が巨人軍に対して、なにをしたというのだ。巨人軍を愛し、巨人軍一筋に働いて、そして、引退した、その私をなぜ……」と珍しくウェットに書き綴っている。「悶々として眠れないまま夜を過ごすうちに、悲しみはしだいに怒りに変わってきた。私はベッドに倒れこむと、声をあげて泣いた。正直いって、私はそのとき、川上さんを殺したいと思った、その後、ニューヨークやシカゴの裏街や貧民窟を通りかかったときも、『ここなら殺してもわからない』などと思ったりもした」（意識革命のすすめ／広岡達朗／講談社）

まるで大失恋したOLさんのような哀しさと怒りは、やがて炎のような復讐の意志へと繋がっていく。屈辱にまみれたエリートは、人生を懸けて打倒巨人を、川上野球を超えてやると心に誓うのである。

その巨人を倒し、日本一にも輝いた。もうここでできる仕事はすべてやり切ったという状況で広岡は監督4シーズン目のヤクルトラストイヤーを淡々と戦い、唐突に去った。ユニフォームを脱いだ数週間後、広岡は古巣ヤクルトと大洋の試合中継に解説者として登場。『週刊現代』ではまだ大リーグが遠かった球界事情にもかかわらず、ドジャース監督のトム・ラソーダと対談までしている。1979年の広岡はいわば時代のトップランナーだった。当時、管理野球の栄光から退団の経緯まで、彼の言動はそのほとんどが世間から好意的に迎えられたわけだ。あの強烈な成功体験があるからこそ、45年以上経った今も雑誌やネット上で、広岡はあれだけ自信満々にときに時代錯誤の発言ができるのではないだろうか。というか、もはや時代に合わせたアップデートなんかクソ食らえだろう。

同時代を生きた球友やライバルたちのほとんどは、すでにこの世を去ったか、第一線から退いて久しい。だが、広岡はいまだ怒りの炎を燃やす。誰よりも巨人軍を愛し、YGマークを憎んだ男。彼のたったひとりの闘争は、93歳の今も続いている。広岡達朗は令和7年ではなく、終わらない昭和100年を生きているのだ。

1979年ヤクルトスワローズ主力メンバーと年間戦績

1979年広岡ヤクルト・ベストオーダー

打順		選手名	試合	安	本	点	率
1	中	スコット	112	118	28	81	.272
2	三	船田 和英	105	105	14	49	.283
3	左	若松 勉	120	134	17	65	.306
4	一	大杉 勝男	118	100	17	68	.242
5	右	杉浦 享	126	120	22	54	.284
6	二	ヒルトン	105	103	19	48	.258
7	捕	大矢 明彦	100	87	6	31	.271
8	遊	水谷 新太郎	100	44	1	11	.211
9	代打	八重樫 幸雄	74	36	10	27	.208

1979年広岡ヤクルト・投手陣

選手名	登板	勝	敗	S	率
梶間 健一	43	10	12	0	5.11
鈴木 康二朗	37	8	11	1	4.26
尾花 高夫	36	4	9	0	4.93
神部 年男	25	6	8	0	4.32
安田 猛	19	1	4	0	6.26
井原 慎一朗	35	6	4	4	4.39
松岡 弘	50	9	11	13	3.96

日本一から最下位へ転落。主力の多くが前年から大きく成績を落とし、投手陣も二ケタ勝利は梶間のみ。週刊誌では「テレビ朝日、ヤクルト買収」や「マクドナルドへの身売り説」が噂され、広岡達朗は西武行きの報道通り81年オフに西武監督に就任。再び"打倒巨人"に立ち上がる。

1979年の広岡ヤクルト・ズンドコグラフ

年間推移&精神収支

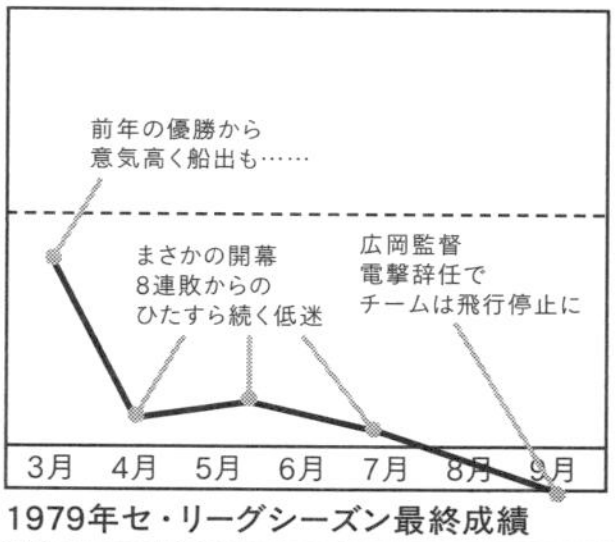
前年の優勝から
意気高く船出も……
まさかの開幕
8連敗からの
ひたすら続く低迷
広岡監督
電撃辞任で
チームは飛行停止に
3月
4月
5月
6月
7月
8月
9月

1979年セ・リーグシーズン最終成績

順位	球団	勝	敗	分	勝率	ゲーム差
1	広島	67	50	13	.573	ー
2	大洋	59	54	17	.522	6.0
3	中日	59	57	14	.509	7.5
4	阪神	61	60	9	.504	8.0
5	巨人	58	62	10	.483	10.5
6	ヤクルト	48	69	13	.410	19.0

徹底した管理野球も一度ズレが生じると一気に瓦解してしまう。盟主・巨人への怨念に近いまでの復讐の炎は燃えつきずとも、ヤクルトでの戦いはいったん終了を迎えた。

1979年の堤ライオンズ編

あの頃、強いチームと言えば、西武ライオンズだった。

Ｖ９の巨人に間に合わなかった団塊ジュニア以降の世代にとって、〝最強〟と言えば80年代中盤から90年代中盤にかけて黄金時代を爆走したレオ軍団である。１９８５年からの10シーズンで9度のリーグ優勝と6度の日本一。弱い西武を知らない子どもたちは、「楽しみは、家へ帰って冷蔵庫をあけて飲む冷えたビール。……やけど、オレは19歳」なんつって唐突に武勇伝を語る近鉄のごっついビッグワンこと鈴木啓示よりも、スマートで洗練されたライオンズブルーに憧れた。

だが、西武球団の始まりは決して歓迎ばかりではなかった。西鉄ライオンズ時代から熱狂的なファンを持つチームは、八百長に関与した疑いで複数選手が永久追放処分となった〝黒い霧事件〟の混乱を乗り越え、すでにクラウンライターライオンズと名を変えていたが、当初は福

1979年（昭和54年）ってどんな年？

渋谷109オープン。インベーダーゲーム大ブーム。8.26夢のオールスター戦で馬場と猪木のBI砲復活。「空白の1日」の江川との交換で小林繁が阪神へ移籍。江夏の21球で広島が日本一に。アニメ『機動戦士ガンダム』放映開始。漫画『キン肉マン』連載スタート。

岡から地元の誇りが出て行くなんてタチの悪い冗談だった。1978年10月6日、北九州市発行の新聞で「ライオンズ、博多を去る」「西武系グループの会社に買収される」と大きく報じられた際も、「そんなバカなことはありっこない」という冷ややかな反応ばかり。だが、西武は怖いくらいに本気だった。その年、埼玉の所沢で西武園球場に変わる新球場建設をぶち上げた西武グループの球界進出を予想する声は多く、『週刊文春』1978年2月9日号には「川上球団社長、王監督の大構想『第二巨人軍』創設に乗り出した堤義明の野望」というむちゃくちゃなスケールの特集記事が掲載されているし、同時期の『週刊ベースボール』でも「チーム名は西武ドジャース?」でセ・リーグ8球団制を画策かと報じている。なお、過去には西武による大リーグのサンフランシスコ・ジャイアンツ買収計画も噂された。

そして、1978年10月12日正午、NHKニュースが西武ライオンズの誕生を告げる。13億円での買収から3週間後の11月2日には、プリンスホテル硬式野球部の発足を発表。石毛宏典や中尾孝義らアマ球界の有力選手たちを立て続けに入部させた。西武グループ全体の関連会社は180社、従業員約8万人。西武鉄道だけをとっても資本金144億4000万円という圧倒的な財力を誇り、プロ・アマ同時に殴り込みをかけた黒船を他球団は警戒した。堤オーナーは横浜スタジアムの建設にも関わっており、野球協約で複数球団の株所有は禁じられているため大洋球団の株をニッポン放送やＴＢＳへ売却。当時44歳の〝若き爆弾男〟と恐れられた経営者は、のちのライブドア堀江貴文……いや、それ以上の得体の知れない悪役でもあった。

前年のドラフト会議で、クラウンライターが捨て身で1位指名するも予想通り入団拒否されていたアメリカ野球留学中の江川卓に対して堤は、「西武がライオンズを買えば、江川がとれると。来ない理由はないと思いますよ」とオーナー会議で江川と交渉しない口約束が交わされたことをきっぱりと否定。『サンデー毎日』の直撃インタビューでは、「野球をビジネスとしては考えるが、ゲームとしてはどこがおもしろいのかよくわかりませんね。自分でもやらないし、球場へ行くにしても車は混んでいるし、駐車する場所もない。楽しみということなら他にもっとありますからね」なんて戦後最大の大衆娯楽プロ野球を秒殺。球団買収直後の『週刊文春』独占インタビューでも、「私としては、個人的にかなわない。球団をもったことで、とても仕事にならないんですよ。邪魔です。これは、マスコミ公害じゃないかな。インタビューは申しこまれる。断われば悪く書かれる。スケジュールが埋まっちゃってこの一週間くらい仕事にならないですよ」なんつって自分で買っときながら野球は邪魔だと逆ギレしてみせるツツミモン。

ただ、どこか隙と笑いのあったホリエモンとは違い、自尊心の固まり堤義明は徹底的なリアリストである。だからこそ、江川サイドの親戚筋にまで食い込んでなんとか入団にこぎつけようとしたが、最終的に断られた堤の怒りと屈辱は凄まじく、江川のスポンサーと噂された食品メーカーの製品が西武関連企業から排除され、西武鉄道の売店からは読売新聞と報知新聞が消えた。さらに西武は「空白の1日」による江川の入団を主張してドラフト会議をボイコットした巨人と、ドラフト外で松沼博久・雅之の松沼兄弟を巡り仁義なき争奪戦を展開。スポーツライターの永谷脩によると、ふたりあわせて破格の契約金1億5000万円に加えて、西武グループは建築業を営む松沼家に利根川の砂利の採掘権を譲り渡すウルトラCで入団にこぎつけたという。いわば球界を支配していた天下の巨人軍に対して、「巨人なら何をやっても許されるのか」と危険なハイキックを食らわせたのが新興球団の西武だった。

なお、現場レベルでは「僕は九州のチームと契約してる」と遠く関東の所沢行きに難色を示す選手も多く、選手会長の大田卓司も「出稼ぎに行って、また福岡に帰ってくるばい」とコメント。エースの東尾修は夫人が東中洲で経営するクラブから手が離せず、当初は単身赴任生活でのスタートだった。だが、そんな雰囲気を察した球団は移転料と称し妻帯者に50万円、独身には25万円をキャッシュで支給。西武運輸を利用すれば引っ越しもタダという大判振る舞いを見せる。さらに堤オーナーからは〝禁酒、禁煙、禁副業〟の3禁令が発動。これに対して「まさか高校野球じゃあるまいし、まったくプロ野球選手というものをバカにしているようなやり方や」なんて果敢に噛み付いたのは近鉄の大エース鈴木啓示である……ってあんた全然関係ないよビッグワン！

新生西武はやることなすこととにかく派手だった。阪神から大型トレードで全国区のスター田淵幸一を入団させ、ロッテを自由契約になったプロ26年目の大ベテラン野村克也も獲得した。そのノムさんは、79年1月23日の中曽根康弘や郷ひろみも駆け付けた東京プリンスホテルでの球団結成披露パーティーで、新球団歌「地平を駈ける獅子を見た」を歌う素振りさえ見せずふて腐れ、「なんやこのオッサン……」と東尾を驚愕させるが、池袋サンシャイン60ビルでも行われた壮行会には3000人ものファンが詰めかけた。

ドラフト1位の森繁和には当時最高額の契約金5500万円を気前よくポーン。漫画家・手塚治虫が描くジャングル大帝の主人公レオを基調としたペットマークで、ユニフォームはテレビ映えも考え、白、赤、青、緑を使った斬新なデザインに決定した。西武百貨店や西友ストアで売られるキャラクター商品は300品目、500種類。なお、日本球界で初めてロゴやマークの色や書体を指示するスタイルシートを導入したのが、西武ライオンズだった。アメリカのドジャー・スタジアムを参考にした日本初の掘り下げ方式の新球場開場に合わせ、最寄り駅を狭山湖駅から「西武球場前駅」に改称。開幕前完成を目指し50億円を投じ急ピッチで本拠地工事中のため、1月下旬からナインは静岡県下田のプリンスホテル周辺で軽めの調整後、ピッツバーグ・パイレーツと提携して、米フロリダ州のブラデントンで異例の約2カ月間ぶっ通しの海外キャンプを敢行する。

総費用7000万円の渡米が話題になるが、現地では球場の芝すらも満足に刈られておらず、少年野球のグラウンドで練習をする有様だった。ハワイで3月下旬にパドレスと調整試合が組まれていたものの国内オープン戦はゼロ。西武球場の完工が1979年3月27日。帰国は4月3日、開幕の4日前で調整不足と時差ぼけのチームは戦える状態ではなく、ボコボコに負け続けることになる。なんと、開幕から2引き分けを挟んで屈辱の12連敗を喫したのである。4月14日、西武球場のこけら落としの日本ハム戦では20万人が申し込んだ抽選販売の末、28000人の観客を集め、福田赳夫前首相が始球式を務めるも7失策の守乱で完敗。今となっては意外だが、常勝軍団の船出はボロ負けだった。

バックネット裏に作られた、勝利後に観客席を通ってロッカールームに戻る「ビクトリーロード」は1カ月近く使われることはなく、待望の初勝利は4月24日、本拠地での南海戦だった。

4月は3勝15敗2分け、5月は6勝18敗2分けとズンドコ街道をひた走る哀戦士レオ。当時のパ・リーグは二期制で前期6位、後期は5位。シーズンを通しての勝率は．381で最下位に沈んだ。田淵は27本塁打に終わり、「オフに巨人に出してもらうようにお願いしたい」なんてボンクラ発言が批判されるも、『がんばれ!!タブチくん!!』が大ヒットして広告塔の役割を果たし、肩の衰えた44歳ノムさんはもはや走られ放題だったが、16勝を挙げ新人王に輝く松沼兄はその巧みなリードに心酔した。根本陸夫監督は負けが込む新人の森に対して「どうせ負けるなら20敗くらいしろ」と投げっぱなしエール。客席は成人男性だけでなく婦人やキッズも多く、他球場よりカラフルなのが特徴で、当時の週べリポートによると「ブルーとホワイトのポンポンを両手に踊る健康的なかわいこちゃんに、スタンドのファンもグラウンドそっちのけで目を奪われがち」だという。夏になると外野芝生席も解放され、まるでピクニックのようなスタジアム。俺たちもう終わっちゃったのかなあ。バカヤロー西武ライオンズはまだ始まっちゃいねえよ。勝負にこだわる監督業よりも、チームの土台を作り上げるGM的業務に才能を発揮した根本は、目の前の戦いではなく、その先にある未来を見ていたのだ。

「私のフグ好きは、球界でも有名らしい。今年は待望のV1も果たしたし、フグの味も、ひときわこたえられないと思う。なにせオフ50日間のうち、49日も料理店に通ったとは、われながらオドロキ。神戸の行きつけの店では、わたし用のフグを、別にとってくれているらしい。その店で出される漬物が、また格別の味」なんつってなぜか京漬物の広告に登場するこの年優勝した近鉄の大エース鈴木啓示……っていやいやさすがにフグ食い過ぎだよビッグワン！

そんなオドロキの昭和の豪傑を横目に、西武は手堅く子ども相手に年会費1500円のライオンズ友の会を3万人集め、大人の後援会も会費1000円で12万人を突破。特典に自由席無料開放やチケット割引券をつけ、西武鉄道の沿線人口250万人を取り込もうと、招待券だけでなく沿線の小中学校にはレオマークの入った青い野球帽を大量に配布した。結果、観客動員は球団新記録となる前年から倍増近い136万5000人に到達。これには「なんといっても西武鉄道が一番もうけたでしょう」なんて堤オーナーは勝利宣言をかましてみせた。

同時に寝業師・根本を中心に現場ではあらゆる手段を駆使して、大学進学や社会人志望の金の卵を口説き落とし、全国から有望選手を掻き集める。巨人のスカウトも「うちが隠し玉にとっておいた選手の所へ入団交渉に行くと、必ず先回りしているチームがあるんだよ」と嘆く西武グループの情報網と圧倒的な資金力。熊本の定時制高校に通っていた伊東勤を転校させ、球団職員採用で囲い込み1981年の1位で指名。のちに名球会入りする通算224勝の工藤公康も同年ドラフト6位。通算2157安打の秋山幸二はなんと1980年ドラフト外である。それらの先行投資は数年後に大きな意味を持つことになる。

１９７９年に負けまくった新興ズンドコ球団・西武ライオンズ。この時、80年代のプロ野球界が、獅子の時代になるとは誰も予想だにしなかった。恐らく、堤義明をのぞいては——。

1979年の堤西武・ズンドコグラフ

年間推移&精神収支

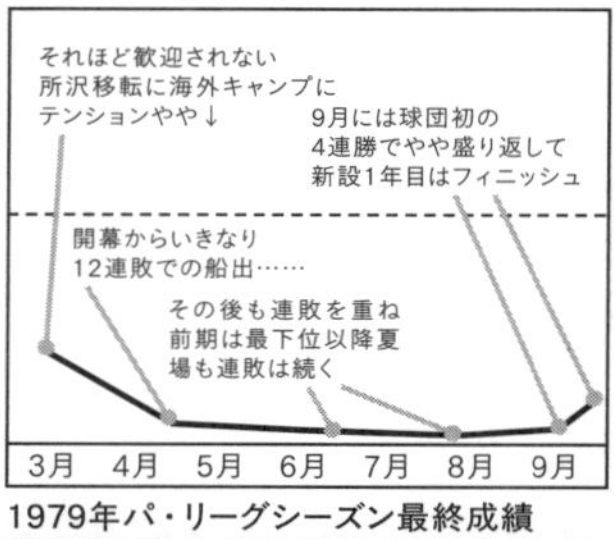
それほど歓迎されない
所沢移転に海外キャンプに
テンションやや↓
9月には球団初の
4連勝でやや盛り返して
新設1年目はフィニッシュ
開幕からいきなり
12連敗での船出……
その後も連敗を重ね
前期は最下位以降夏
場も連敗は続く
3月
4月
5月
6月
7月
8月
9月

1979年パ・リーグシーズン最終成績

順位	球団	勝	敗	分	勝率	順位前・後
1	近鉄	74	45	11	.622	1・2
2	阪急	75	44	11	.630	2・1
3	日ハム	63	60	7	.512	3・4
4	ロッテ	55	63	12	.466	4・3
5	南海	46	73	11	.387	5・6
6	西武	45	73	12	.381	6・5

新球団1年目の勝てない低空飛行、この結果はある意味折り込み済。まずは入口に立った。ここから折れずにただでは転ばなかったのが強権オーナー堤の凄み。数年後に訪れる常勝黄金時代の下地を着々と作っていった。

1979年西武ライオンズ主力メンバーと年間戦績

1979年堤西武・ベストオーダー

打順		選手名	試合	安	本	点	率
1	左	マルーフ	129	146	12	48	.290
2	中	立花義家	123	100	6	36	.246
3	一	土井 正博	128	127	27	70	.270
4	DH	田淵 幸一	107	100	27	69	.262
5	右	タイロン	58	64	8	24	.291
6	二	山崎 裕之	79	95	12	46	.332
7	三	山村 善則	122	104	11	49	.269
8	捕	野村 克也	74	43	5	22	.222
9	遊	行沢 久隆	68	41	5	12	.217

1979年堤西武・投手陣

選手名	登板	勝	敗	S	率
東尾 修	23	6	13	0	4.53
松沼 博久	34	16	10	0	4.03
森 繁和	43	5	16	7	4.52
古沢 憲司	29	4	14	5	5.66
永射 保	63	5	3	1	4.12
柴田 保光	18	1	3	0	4.98
松沼 雅之	39	4	5	3	4.55

チーム打率.259、525得点、61盗塁はリーグワースト。永射はリーグ最多登板。元大リーガーのミューサーは打率1割台で前期終了後に解雇され、「チームに迷惑をかけてすまなかった。(後釜の)タイロンがいい選手であることを期待するよ」と笑顔であっさり帰国。

1981年の近藤中日編

プロ野球史において、最も“こすられ続けている”プレーはなんだろうか？

王貞治のホームラン世界新記録756号か、それともイチローの第2回WBC決勝戦でのセンター前タイムリーか？　いや、間違いなく1981年の「宇野勝のヘディング」だと思う。あの一瞬はいまだにテレビの珍プレー番組で毎年必ず放送され、世代を超えて認識されている。まさに究極のズンドコ切り抜き動画である。もう40年以上、ヘディングだけがひとり歩きしている悲劇。そりゃあ、ウーやん本人も「僕を知っている人の7割か8割はヘディングのことしか言いません。そんなの、あり得ないですよね。いまだにムカつきますよ。僕は野球選手なのか、コメディアンなのか」なんて不機嫌になるわけだ。宇野と言えば、41本塁打の遊撃手最多アーチの記録を持つ、昭和を代表する「打てる大型ショート」だった。なのに、

1981年（昭和56年）ってどんな年？

ピンク・レディーが後楽園球場で解散コンサート。『オレたちひょうきん族』放送開始。村上龍『コインロッカー・ベイビーズ』が野間文芸新人賞。『セーラー服と機関銃』公開。アニメ『Dr.スランプ アラレちゃん』大人気。田園コロシアムでハンセンvsアンドレ実現。

語られるのはヘディングのみ。当時の『週刊ベースボール』特集記事の見出しはド直球の「ヘディング・ボーイ」。泣ける。人生訓に〝草魂〟、グラウンドでは〝走魂〟を掲げながらも、1千万円を超えるデラックス風呂付きの時価2億円の大豪邸を建てちゃう元近鉄のビッグワンこと鈴木啓示。これも泣ける。

ウーやん、今までゴメン。我々はヘディング事件の前後や背景をまったく知らない。そんなぼくたちの失敗。だから、あれから45年近く経った今こそ検証しようと思うのだ。知られざる、ウノスト・サイド・ヘディング・ストーリーを。松田聖子6枚目のシングル『白いパラソル』がヒットしていた1981年夏、パ・リーグでは「ロッテのポパイ、薄給の無名怪力バッター」と報じられた27歳の落合博満が初の首位打者争いに挑んだあの夏、8月26日夜、巨人対中日戦が行われた後楽園球場で何が起こっていたのだろうか？

前年を最下位で終え、この年から中日の新監督に就任した近藤貞雄は、先発・中継ぎ・抑えの投手分業制を日本に定着させ、のちの大洋監督時代には俊足選手を揃えた〝スーパーカートリオ〟で話題を呼ぶアイディアマンとして知られていた。そんな近藤中日は、春先に都内で初めてノーパン喫茶『サントリー倶楽部』が摘発された衝撃もどこ吹く風。4月は9連勝含む15勝4敗と開幕ダッシュに成功して首位を走るが、その後ろにピタリとつけるのが、こちらも藤田元司新監督率いるヤングジャイアンツだった。長嶋茂雄監督が「男のケジメ」で去り、ゴールデンルーキー原辰徳が加入した新チームは、４月は14勝６敗、５月３日には若大将のサヨナラヒットで５年ぶりの10連勝を飾る。なお、宇野は高校時代に原から電話をもらい、東海大で一緒に野球をやろうと誘われるも、たっつあんの引き立て役はゴメンだとプロ入りした因縁があった。全国のちびっ子たちが鮮烈デビューを飾ったタイガーマスクとタツノリに夢中になる中、藤田巨人は５日のこどもの日に中日から奪首すると、５月下旬には２分けを挟む９連勝で早くも独走態勢へ。なんとか２位をキープしていた近藤ドラゴンズだが、６月からジワジワと順位を下げ、４番の谷沢健一が右手親指を痛め、４月の月間ＭＶＰ田尾安志が守備で右ヒザを強打と主力陣もアクシデント続き。抑えの切り札・小松辰雄を「宝の持ちぐされ」と先発に回すも、６月19日の本拠地ナゴヤ球場で巨人の篠塚がグラブを盗まれるセキュリティガバガバ事件も発生して、気が付けばＢクラス転落。春先は〝近藤魔術〟と恐れられた采配も、結果が出ないとネコの目打線とディスられる。

球宴ブレイクの７月27日には、名古屋観光ホテルで「ヤングレディス・ドラゴンズ会員の集い」が開催され、全国各地から駆け付けた６００人の女性ファンが集結。お茶とお菓子がふるまわれ、独身組の若手選手たちを「近く結婚するのでしょう?」と質問攻めにするガチすぎる雰囲気の中、唯一の妻帯者で特別出席の黒江透修コーチが、「ホッペにキスして……」とせがむギャルに「チュッ」とかますオヤジの余裕で、会場は爆笑の渦。だが、笑っている場合じゃなく、〝昭和の怪物〟江川卓が7月から12勝1敗、うち完投12、完封5という凄まじい投球を見せ、藤田巨人はVロードを驀進する。中日は8月に入ると5位が定位置だったが、それでも親会社同士の強烈なライバル意識から、巨人叩きが厳命され、コーチ補佐の肩書きがついた34歳・星野仙一は燃えていた。

そうして、1981年8月26日の巨人対中日19回戦、後楽園球場は7回裏二死二塁の場面を迎えるのである。2－0の中日リードも、巨人打線は前の試合まで159試合連続得点を継続中。意地でも完封を狙う星野の気迫の138キロ直球に押され、代打・山本功児が打ち上げたフライは力なくショート後方へ上がりスリーアウトチェンジ……と思いきや、事件が起きる。

「なんてことない感じで、そのフライをボクはちょっとバックしながら追ったと思う。と思うのは、それからのことを良く記憶していないからだ。打球を見失ったとか、照明灯に入れたと書いたマスコミもあったが、そんなことはなかった。自分では確か、捕れると思ってグラブを出した。捕りにいった。グラブでボールをさえぎったということもない。確かに打球を確認し、捕りにいった。そしたらだ。気がついたら前頭部にカミナリが落ちて、ン!?」（ヘディング男のハチャメチャ人生／宇野勝／海越出版社）

あのフライはイナズマ級だった……なんてのちに自著でわけの分からないエクスキューズをかました遊撃手の宇野が、己のオデコに打球を当てて、ボールは転々とレフトフェンス際へ。まさかマサルがデコチンに当てるなんてと必死にそれを追う左翼手の大島康徳。二塁走者・柳田俊郎がホームインして得点記録阻止と完封が消え、続けざまに本塁を狙った打者走者の山本はタッチアウトも、ホーム後方でグラブをグラウンドに叩きつけて激怒する星野。笑いと野次に包まれ騒然とする後楽園のジャンボスタンド。翌日の日刊スポーツでは、「爆笑珍プレー サッカーじゃないよ宇野クン ヘディング・エラー」の見出しとともにヘディング連続写真が一面を飾った。

ここまではよく知られた話だが、別にこの珍プレーで中日が逆転負けしたわけでもなく、最終的に試合は2対1で中日が勝ち、星野は1失点完投で対巨人通算34勝目。しかも、殊勲の勝利打点は宇野だった。普段は硬派の『週刊ベースボール』も「ウーやん〝頭打〟の大活躍」なんつって悪ノリ。「今シーズン、最大の珍プレー、いや恐らくプロ野球史上、語り草になろう、神々しくも光り輝く珍プレー」とまで絶賛している。なお、星野は同僚の小松と「先に巨人の連続得点をストップさせた方が10万円貰う」とコンプライアンスガバガバな約束を交わしていたという。直後のグラウンドではパフォーマンス的に怒り狂ってみせた燃える男だが、意外にも「ナイスヘディング。だけど、サッカーじゃないんだよなあ」なんて冗談めかした試合後コメントを残し、宇野に対しても「飯でも食いに行こう」とフォローしていた。台湾から来日したばかりの中日の新外国人投手・郭源治は、1軍登録初日にヘディングを目撃してしまい日本野球の自由さに戦慄する。なお、その夜、「やってしまったことはしゃあないわ」とグッスリ10時間寝た宇野は、翌27日の巨人戦で西本聖から、決勝の21号ホーマーを放っている。部屋に閉じこもってクヨクヨしたってしゃあない。さすが自著で、「出掛ける時は出来るだけ地味な服装でいくことだ。それでなくとも体のゴツい野球選手。ケバケバしいのを着ていけば、野球選手でございますと、看板をかけているようなものだからだ。で、二、三度行ったら店長にコネを作るのも一法だ。裏口を教えて貰い、ストレートに入るよう下工作をしておく」なんて詳細なソープランド攻略法を語っちゃうトンパチウーやんの真骨頂である。

ちなみにこのヘディング記念日の8月26日、甲子園の阪神対ヤクルト戦でも球史に残る出来事が起きていた。8回に3点を取られ、交代を告げられた阪神の江本孟紀が「ベンチがアホやから野球ができん」と吐き捨てたのだ。正確にはロッカールームに帰る途中、記者に向かって「どうせ代えるのならもっと早く代えてほしかった。いつもは信じられんほど早い回で交代やのに、今日に限って続投や。何を考えとるのかさっぱり分からんわ」と言ったのがひとり歩きしてしまい、江本は翌日には責任を取りたいと突然の任意引退を発表する。東でウーやんがヘディングをかまし、西でエモやんがアホを叫んだ、夏の日の1981。その時、歴史が動いた。

全国ネットでヘディング映像が流れまくった宇野は、宣伝料に換算したら10億円は下るまいと広告代理店が試算するほど顔が売れ、人呼んで「チョンボのウーやん」とチーム屈指の人気選手へ。翌1982年度のドラゴンズ・カレンダーの表紙を飾ってみせた。そして、ウーやんのヘディングがフジテレビで『プロ野球珍プレー好プレー大賞』が始まるきっかけとなり、電撃引退したエモやんの著書『プロ野球を10倍楽しむ方法』は200万部を超える大ベストセラーとなった。つまり、「80年代プロ野球のバラエティ化」は、すべては1981年8月26日に始まったのである。

さて、話を1981年の近藤中日に戻そう。9月20日には、「地元名古屋でのG胴上げを絶対許すな」という最高幹部から異例の大号令がかかったナゴヤ球場で、星野が痛み止めの注射を打ちながら160球の熱投。翌21日は小松がプロ初の完封勝利でついに巨人の連続試合得点をストップ（「宇野のヤロー」と目をむきながら燃える男・星野は10万円を払ったという）。ベテラン谷沢健一も2試合にまたがり4打席連続ホーマーと意地を見せた。「あんな気迫のこもったタマも、怖い顔つきも、見たの初めて。いい勉強になりました」と星野からプロの厳しさを教えられたドラ1捕手の中尾孝義だったが、チームは58勝65敗7分けの5位に終わり、その雪辱を胸に近藤中日は翌1982年に巨人とのデッドヒートに競り勝ち、リーグVを達成している。

それにしても、なぜショート宇野はあんなぎこちない動きでオデコにボールを当ててしまったのだろうか？　ヘディング事件の約5カ月前。『週刊ベースボール』1981年4月6日号にこんな小さなベタ記事が掲載されている。春のオープン戦で後楽園球場に来た宇野は、日本ハム戦後に「無事に終わって、本当によかったス」と意味深なコメント。実は昨年の日本ハム戦で試合前の打撃練習中に外野でトレーニングをしていたら、打球を顔面に受け、アゴ骨折という重傷を負っていたのだ。しかも、その後立て続けに怪我に見舞われ、何度も神社でおはらいをするほどだった。

「鬼門の後楽園で、やっとヤク払いができました」

なんと、宇野にとって後楽園球場は因縁深い鬼門だったのである。その恐れと焦りがあの伝説の珍プレーへと繋がっていった。知られざる、ヘディング事件の点と線。令和になってYouTubeで「当時、カチカチの人工芝にケンの（金具付き）スパイクで守ってたんですよ。カタカタカタっていう。要するに、言い訳ですよ！（笑）顔が揺れてましたよね、だからね」と笑う白髪まじりのウーやん。

その男、ズンドコスラッガーにつき――
―。なお、2リーグ分立後、70年以上のプロ野球史で「遊撃手の本塁打王」は、1984年の宇野勝ただひとりの偉業である。

1981年中日ドラゴンズ主力メンバーと年間戦績

1981年近藤中日・ベストオーダー

打順		選手名	試合	安	本	点	率
1	中	田尾 安志	124	140	15	53	.303
2	三	豊田 誠佑	114	92	4	29	.292
3	左	大島 康徳	130	141	23	81	.301
4	一	谷沢 健一	127	147	28	79	.318
5	遊	宇野 勝	128	121	25	70	.282
6	右	コージ	120	86	15	41	.251
7	二	田野倉 正樹	113	87	14	39	.278
8	捕	中尾 孝義	116	70	5	26	.243
9	代打	木俣 達彦	108	64	10	36	.276

1981年近藤中日・投手陣

選手名	登板	勝	敗	S	率
小松 辰雄	42	12	6	11	3.06
星野 仙一	23	10	9	0	3.93
三沢 淳	37	7	10	2	3.35
都 裕次郎	36	6	8	1	4.47
牛島 和彦	51	2	7	0	2.77
水谷 啓昭	47	2	0	3	2.68
鈴木 孝政	48	6	8	8	3.20

星野仙一が自身最後の二桁勝利。若手ではドラ1中尾が正捕手に、宇野は自己最多の25本塁打。投手陣は先発転向の小松がチーム最多勝、台湾から来日した郭源治もデビューと世代交代の波が。宿敵巨人には16ゲーム差離され5位も、12勝11敗3分で勝ち越し完全優勝を阻止。

1981年の近藤中日・ズンドコグラフ

年間推移&精神収支

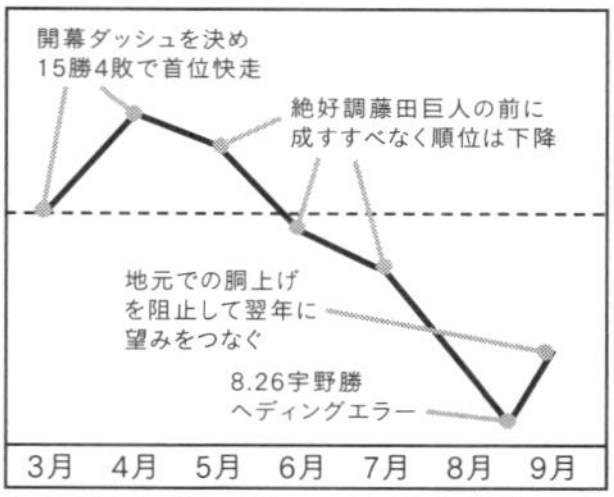
開幕ダッシュを決め
15勝4敗で首位快走
絶好調藤田巨人の前に
成すすべなく順位は下降
地元での胴上げ
を阻止して翌年に
望みをつなぐ
8.26宇野勝
ヘディングエラー
3月
4月
5月
6月
7月
8月
9月

1981年セ・リーグシーズン最終成績

順位	球団	勝	敗	分	勝率	ゲーム差
1	巨人	73	48	9	.578	−
2	広島	67	54	9	.519	6.0
3	阪神	67	58	5	.511	8.0
4	ヤクルト	56	58	16	.489	13.5
5	中日	58	65	7	.481	16.0
6	大洋	42	80	8	.422	31.5

ヘディングのインパクトが強すぎて……ごめん何も頭に入ってこない。ヘディング試合、実は勝ったこと、近藤監督のこと、終盤に意地を見せ翌年の優勝への希望の種をまいたこと。そして巨人がとても強かったこと。宇野さんほんと歴史に残るインパクトでした。ありがとう。

1982年の安藤阪神編

シュートを超えたものがプロレスならば、時にズンドコもシュートを超える。

全米で映画『E.T.』が大ヒット、日本全国のスナックであみんの『待つわ』が歌われた1982年、夏の終わり。横浜スタジアムの大洋対阪神戦で、阪神のコーチ陣がグラウンド上で審判に対して一方的に殴る蹴るの暴行を加える〝球界史上最大の不祥事〟が起きた。普段は判定に対して怒っても審判の胸を軽く小突いたり、暴言を吐いて退場を食らい、フジテレビ珍プレ好プレーでみのもんたのナレーションにいじられる……という暗黙の了解のラインを超えてしまい、審判が制裁マッチの被害者になってしまった。一線を超えたプロ野球道にもとる凄惨な殴打はなぜ起こったのか？　今回は『森田一義アワー 笑っていいとも！』が放送開始された1982年の阪神タイガース物語を聞いてくれるかな？　いいとも！

1981年シーズン、あの江本孟紀の「ベンチがアホやから野球ができへん」舌禍騒動があ

1982年（昭和57年）ってどんな年？

映画『ランボー』。松田聖子『赤いスイートピー』。RCサクセション『つ・き・あ・い・た・い』。「蒲焼さん太郎」登場。テレホンカード販売開始。500円硬貨発行。初代ミニ四駆出荷。ホテル・ニュージャパン火災。西武ライオンズ初日本一。ロッテ落合博満三冠王。エモやん『プロ野球を10倍楽しく見る方法』100万部突破。

りながら5年ぶりのAクラス入りのチームは、安藤統男新監督を迎え心機一転の再スタート。ついでにエモやんも、日本テレビ系ドラマ『田中丸家御一同様』で居酒屋のエプロン姿のマスターを怪演して第二の人生をプレイボール。安藤監督は〝スピード野球〟を掲げて新外国人選手には、大砲タイプではなく、足と肩に定評があるグレッグ・ジョンストンと3Aで83盗塁をマークした非力な韋駄天キム・アレンをチョイス。この時期の『週刊ベースボール』の話題は正捕手の若菜嘉晴が「家族を静かな田舎で暮らさせてやりたいから」と妻子と別居して、若手だらけの虎風荘に入寮。実はすでに若菜の結婚生活は破綻しており、直後に元ポルノ女優との結婚騒動（本人は否定）、さらには名古屋の愛人出産など女性スキャンダルの数々で週刊誌に追われることになるが、それらが判明するのはもう少しあとのことである。

安芸の春季キャンプでは、2人部屋のホテルではなく、旅館タイプの「一部屋に4〜5人暮らしてワイワイガヤガヤ。日本人はタタミの上にドタッ！」の方がいいというZ世代には理解不能な選手会の要望が通るユルい空気だったのが、一転オープン戦終盤の3月22日、甲子園での巨人戦で安藤監督が判定に抗議。結果、オープン戦では異例の「そんなバカな……」と本人も唖然とする退場処分を受けるのだ。「なに？　足を蹴った？　砂が当たっただけなのにッ」なんて不服そうな監督に対して、週べ掲載の友寄正人一塁塁審コメントは「左のアキレス腱に足が当たった。たとえオープン戦でも暴力行為は暴力。出すべきもの（指令）を出しましたヨ」とつれないものだった。阪神サイドの審判に対する不信感は、開幕前から爆発寸前の火薬のようにくすぶっていたのである。

迎えた4月3日の1982年開幕戦、横浜スタジアムのマウンドに上がった虎のエース小林繁は8回まで無失点の完封ペース。しかし9回裏二死一、二塁からタイムリーと味方のエラーで同点に追いつかれると、次打者の高木由一を敬遠……と思ったら小林は二球外したあとの三球目にキャッチャー若菜の頭上を大きく越える大暴投をやらかして、悪夢の「敬遠暴投サヨナラ負け」を喫する。出足でつまずいたチームは開幕から1分けを挟む4連敗。4月は借金7と出遅れ、27日の巨人戦では柴田猛、島野育夫の両コーチが試合後に審判を甲子園の控室に引きずり込む騒ぎもあった。

序盤は最下位に沈む瀕死の猛虎だったが、6月18日の中日戦から1分けを挟む二リーグ分裂後球団タイ記録の11連勝で急浮上。4位ながら首位広島と4ゲーム差、2位巨人とも1・5差に迫り混セの台風の目となる。だが、直後に8連敗と好不調の波が激しく、7月4日の巨人戦で加藤初に完封負けを喫すると、四球連発で自滅した先発・伊藤文隆をリードした若菜が「いくら東京の審判やいうても（巨人と）平等に判定してもらわな困る」と愚痴り、小山正明投手コーチも「ストライクといってもらわんとかなわんで」と不満を露わに。これには岡田功球審も「小山コーチの抗議はファンをアジるもの。私もストライクでとっています。ハイ」と応戦した。この試合、甲子園開催にもかかわらず異例の東京の審判が起用されていたのだ。

両者にうずまく不信感。そうして、夏休み最後の夜、多くの少年ファンが見守る中で、あのハマスタの惨劇が起こるわけだ。8月31日大洋対阪神戦、1対1の同点で迎えた7回表、阪神の藤田平が三塁線に打ち上げた小フライを石橋貢三塁手が捕球態勢に入るも目測を誤りバンザイ。左後方にそらし、ボールはフェアグラウンドに一度落ちたが、大きく跳ねてファウルゾーンへ転がっていった。鷲谷亘三塁塁審の判定はファウル。だが、サード石橋のグラブに当たってからファウルゾーンに転がったように見えた阪神側は猛抗議。特攻した怒りの島野コーチは鷲谷塁審を突き飛ばして退場宣告を受けると、シャツをつかんで引っ張り回し、ヒザで右腰や腹部に蹴りを見舞った。さらに止めに入った岡田功球審に対しては、柴田コーチが急所に蹴り、さらには胸部にタイガーパンチを喰らわすあきらかにやりすぎの大立ち回り。自軍の主力・真弓明信がドン引きしながらそれを懸命に止める。被害を受けた岡田球審は「暴力団みたいなチームとは野球はできない!」と胸プロテクターをグラウンドに叩き付け、審判全員が控え室に引き揚げる異様な光景に球場は騒然とした。

「初めは頭を狙って殴ってきたが、それをよけると今度は蹴ってきた。胸に2発、腹に1発当たった」（週刊宝石1982年9月18日号）

まるで小川直也に強襲された橋本真也のようなコメントを残す岡田球審だったが、暴力行為の2コーチは退場処分。安藤監督が審判団に謝罪して、約10分後に試合再開したが、翌日に病院で診察を受けた岡田は右胸部打撲で全治2週間の診断を受ける。

だが、阪神側にも言い分はあった。事件の直前、4回裏には二死満塁で阪神のサウスポー藤原仁がボークを取られ同点を許すと、その曖昧な判定に阪神側が猛抗議。5回表の攻撃では、ジョンストンがストライク判定に不満を露わに。助っ人が悔しがり地面を蹴った拍子に土がホームベースにかかると、岡田主審は土を掃くブラシを手渡そうとしたが、もちろんJ砲は断固拒否。一触即発の不穏な空気が漂った。

「続く三球目、とんでもないボールを空振りしたジョンストンに、岡田主審はわざわざボールの通過したコースを手で示し、〝おまえが振ったのはこんなコースじゃないか〟とからかうような格好をしたのである」（週刊文春1982年9月16日号）

積もりに積もった不満が、ひとつの判定をきっかけに爆発してしまったのだ。一夜明けた9月1日、在任30年の大ベテラン鈴木竜二セ・リーグ会長は、両コーチに対して「無期限出場禁止と罰金10万円」の処分を発表。横浜県警加賀町署で審判団3名の事情聴取が行われ、傷害事件の疑いで捜査が開始される。しかし、その夜に横浜スタジアムで会見した阪神・小津正次郎球団社長の反省の色が見えない発言が物議を醸す。

「家の中でヤケ酒を飲んでいても仕方がない。それが謹慎というものでもないでしょう。連盟の処分は、出場停止でしょ？　ファンの前に姿を見せなければいいわけでしょ？　ならば開門するまでならユニフォームを着て練習に参加したってかまわないでしょう。チームには同行させます」（週刊ベースボール1982年9月20日号）

まだ鉄拳制裁が当たり前の昭和の時代でも、さすがにこの球団社長の開き直りには翌2日のスポーツ新聞各紙が「不謹慎」「伝統球団の誇りなし」と激しく批判。加賀町署で柴田、島野両コーチが6時間の取り調べを受け、傷害事件として書類送検の方向へ動き出したことにより、阪神側もさすがに事の重大さに焦り、「チームには同行させない。開門前の練習参加も見合わせる。10日間の自宅謹慎」と球団処分を再発表せざるをえなかった。ハマスタで岡田、鷲谷両審判立ち会いで事件を再現する現場検証が行われた3日には、柴田、島野両コーチを登録抹消。代役の中村勝広、竹之内雅史をコーチ登録する。これにより鈴木セ会長は「2人が野球機構外の人となったことで、連盟で議論する対象外です。永久追放みたいなものです」と最後通告。しかし4日にスポーツ各紙が無期限の出場停止を「永久追放」と派手に報じたことにより、焦った鈴木会長は「記者諸君の〝永久追放みたいなものですね〟という質問に〝まあそうだね〟と答えてしまったのは失敗だった。永久追放などやるべきじゃない。（私の）責任？　感じませんよ」とマジ苦しい弁明。発言が二転三転する86歳の高齢会長は引退すべきという声まで上がり始める。

「社会的に一度口にしてしまったことに対しては、男は必死になって追いかけねばならん。自分で自分を、あえて窮地に追いこんでみることや。一世一代の大ツッパリ。しかし、つくづく、オレは因果な性分やと思ったもんや」なんて相変わらず謎のイキりを自著『男の人生にリリーフはない』でかます元近鉄のビッグワンこと鈴木啓示は置いといて、登場人物全員ズンドコという凄まじい展開に、事件直後から「プロ野球にとって唾棄すべき事件」と怒り心頭の下田武三コミッショナーは、「鈴木会長が（両コーチの）再登録を認めても私は認めない」とそのコンニャク対応を斬り捨てた。

横浜地検は9月29日に柴田、島野両コーチを傷害罪で略式起訴し、横浜簡易裁判所は2人に罰金5万円の略式命令を出す。一方で甲子園では私設応援団を中心とした両コーチの処分解除を求める署名運動が行われ、署名数30万人を突破。事件から1カ月後の『週刊宝石』でも「阪神2コーチは、もう許されてもいいのではないか！」特集。8月31日のハマスタで審判員から「チンピラコーチのぶんざいで」と暴言があったという選手の証言が掲載され、暴力行為は否定しながらも「チームを愛し、チームのために必死になるがゆえに出た行為だ」（川上哲治）、「警察の現場検証でしょ。校内暴力に警察が介入するようなものですよ。スポーツ上のこととして解決されるべきじゃないですか」（水島新司）と各界から擁護の声が相次いだ。結局、翌1983年開幕前、柴田と島野の処分は解除され、阪神はコーチとして再契約を交わした。

で、1982年の安藤阪神はどうなったのか？　実は暴力事件があった8月は鬼門の死のロードを乗り切り14勝7敗1分けと大きく勝ち越し、2年連続の3位でフィニッシュ。主砲の掛布雅之が35本塁打と95打点で原辰徳（巨人）に競り勝ち二冠を獲得した。なんだけど、同じ頃、『週刊ポスト』が若菜の裏社会との黒い交際疑惑をスクープすると、球団は本人から事情聴取した上でポスト側に抗議。シロ判定も愛人問題や相次ぐトラブルが足枷となり、若菜のトレード先も見つからず、この年限りで阪神を戦力外となった。助っ人のアレンとジョンストンはグダグダの環境にカルチャーショックと思いきや、閉幕後も日本に残りスティービー・ワンダーの大阪公演のプラチナチケットをやっとのことで入手してご満悦。「アメリカでもなかなか切符が手に入らない。それを日本でナマを聞けるチャンスがあった。最高の幸せだ」と感激する両助っ人であった。もうアカンわコレ……と失意の安藤監督は大の飛行機嫌いにもかかわらず、オフにハワイで開催された大リーグのウインターミーティングに足を運び、レンジャース傘下の3Aで自由契約になっていた無名の内野手の獲得を決める。この新外国人選手こそ、あのランディ・バースである。

夏の終わりのハマスタでやらかした球団史に残る汚点。だが、ズンドコがズンドコを呼び、神様バースを連れてきた。バースが三冠王を獲得し、阪神が日本一に輝く猛虎フィーバーは、この3年後のことである。

1982年の安藤阪神・ズンドコグラフ

年間推移&精神収支

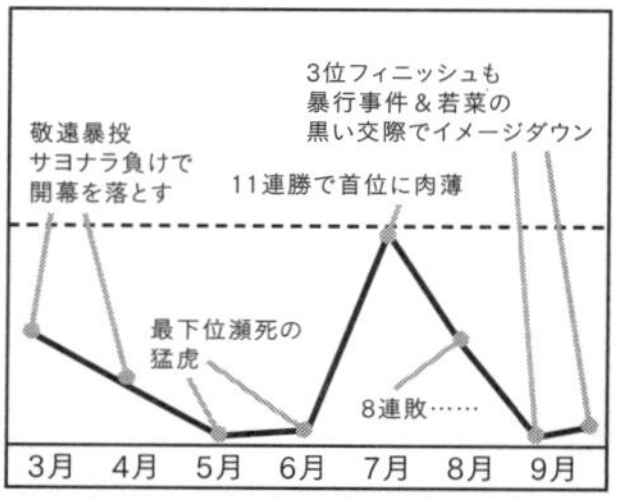
3位フィニッシュも
暴行事件＆若菜の
黒い交際でイメージダウン
敬遠暴投
サヨナラ負けで
開幕を落とす
11連勝で首位に肉薄
最下位瀕死の
猛虎
8連敗……
3月
4月
5月
6月
7月
8月
9月

1982年セ・リーグシーズン最終成績

順位	球団	勝	敗	分	勝率	ゲーム差
1	中日	64	47	19	.577	−
2	巨人	66	50	14	.569	0.5
3	阪神	65	57	8	.533	4.5
4	広島	59	58	13	.504	8.0
5	大洋	53	65	12	.449	14.5
6	ヤクルト	45	75	10	.375	23.5

最終的には3位という成績で終えるもののプロ野球の歴史の中でも印象に残るズンドコ暴行事件の印象が非常に強く順位も霞んでしまった。

1982年阪神タイガーズ主力メンバーと年間戦績

1982年安藤阪神・ベストオーダー

打順		選手名	試合	安	本	点	率
1	遊	真弓 明信	130	151	15	55	.293
2	中	北村 照文	125	81	4	17	.246
3	左	佐野 仙好	130	134	15	65	.271
4	三	掛布 雅之	130	151	35	95	.325
5	二	岡田 彰布	129	140	14	69	.300
6	一	藤田 平	116	117	7	40	.290
7	右	ジョンストン	104	89	10	37	.256
8	捕	若菜 嘉晴	73	45	3	21	.213
9	代打	アレン	78	66	3	16	.260

1982年安藤阪神・投手陣

選手名	登板	勝	敗	S	率
山本 和行	63	15	8	26	2.41
小林 繁	27	11	9	0	3.42
工藤 一彦	35	11	8	2	3.00
伊藤 宏光	27	10	10	0	3.28
藤原 仁	20	6	3	0	2.41
福間 納	63	1	2	0	3.17
池内 豊	73	4	5	4	3.98

掛布が本塁打と打点の二冠。岡田は自身初の打率3割も助っ人勢の不振が痛かった。投手陣は山本が15勝26Sで最優秀救援を獲得。球団史上最多の192万人を動員。公私にお騒がせ若菜は米マイナーでプレー後、翌83年途中に大洋と契約した。なお、若菜が1982年1月末に発売した秋本圭子とのデュエット曲は「愛を知り、愛に生き」だった。

1987年の有藤ロッテ編

「てめぇらが怒るのが遅すぎるんだ！ 10年前にこのぐらいやってみろ！ そしたら天下が獲れたんだよ！」

アントニオ猪木は罵声とブーイングと失笑が飛び交うリングで絶叫した。2012年大晦日のイノキボンバイエで、藤田和之対小川直也のメインイベントがレフェリーストップで唐突に終わり、藤田はなにやらブチギレ、小川もしょっぱいマイクで逃げるように去り、両国国技館のリングに取り残されたIGF会長の猪木。最後は強引に「1、2、3、ダーッ！」で締めるが、なんなのコレ……と泣きそうな顔でドン引きしてるゲスト席の鈴木ちなみ嬢。正直に言う。俺はこのIGFの藤田和之対小川直也の映像を今でもよく見返す。一寸先はハプニング。今の洗練され世界進出を狙う新日本プロレスにはなんでもある。だが、ズンドコだけが

1987年（昭和62年）ってどんな年？

バブル景気の始まり。ゴッホの「ひまわり」約53億円で落札。国鉄民営化でJRが誕生。石原裕次郎死去。マイケル・ジャクソン来日。後楽園球場が閉場。鈴鹿で初のF1日本GP開催。大韓航空機爆破事件が起きた。ファミコン「燃えろ!!プロ野球」のバントホームランが話題に。

ない。アントニオ猪木の魅力は、ストロングスタイルとズンドコが紙一重の表裏一体で共存していたことだと思う。

そう言えば社会人になりたての頃、週2で通っていた浅草橋のラーメン屋のオヤジが自信満々の口調で、「兄ちゃん、疲れた顔してるな。これ特別サービス」と出してくれたギョウザが死ぬほど不味かった。あんなコンドームみたいな味がするギョウザは後にも先にもあの時だけだ。でも、なぜか妙に元気が出た。本気でやらかしたズンドコの魅力はシューティングを超えたところにある。

俺らはときに偉大なモハメド・アリより、しょっぱい三日月のアリ・トウが恋しくなるのだ。えっアリ・トウ？　有藤通世。〝ミスターロッテ〟と呼ばれた男。１９６８年にロッテの前身である東京オリオンズからドラフト1位指名を受け、入団から8年連続20本塁打を記録。１９７７年に打率.３２９で首位打者にも輝き、ローンで真っ赤なジャガーを買った。リーグを代表する大型三塁手として10度のベストナイン選出。１９８５年には通算２０００安打も達成した大打者だ。「オレの体でまともなところは両手の指の第一関節より前の方だけ。あとは頭から足の先まで、みんなひと通りケガをしているよ」なんてかます土佐出身のいごっそうは、身長186センチのド迫力の風貌とガチンコの実力でチームのキングとして君臨する。当時、近鉄の若手だった金村義明は、攻守交代でベンチに戻った有藤に対して、選手やトレーナーが1イニングずつおしぼり持っていって差し出す光景に衝撃を受けたと自著でカミングアウト。オフィスで外回り営業から戻った先輩社員におしぼりどうぞの社内ルール……って令和なら秒で新入社員は逃げちゃうよ！

契約更改の度にボロボロの本拠地・川崎球場の改築をアピールし、「新しい球場を作ってください。作らないなら他球団へ移籍させてください」なんて投手陣のリーダー村田兆治（人呼んで〝昭和生まれの明治男〟）とフロントに要求して〝キャンプ放棄宣言〟と騒がれたこともある。そんなキラー有藤が、現役引退した直後の1986年秋、ロッテの新監督に電撃就任する。そのシーズン、首位西武に13ゲーム差離されての4位に終わったチーム再建を託されたのだ。稲尾和久監督の事実上の解任から、わずか3日後の発表である。11月の秋季キャンプでは、「ここに石コロでもあってイレギュラーしたらワシの責任やから」と真っ先にトンボを手にグラウンドをならす39歳のボスの姿があった。

だが、新星オリオンズは大きな問題を抱えていた。稲尾前監督を慕っていた2年連続三冠王の落合博満が、「自分を一番高く買ってくれる球団と契約するだけ」とオレ流トレード志願をぶちあげたのだ。有藤ロッテが秋季キャンプで船出した時期、スポーツ各紙に躍る「落合放出、巨人獲得」の見出し。交換相手として噂になったのが同じ一塁手の中畑清。さらに篠塚利夫、角三男、松本匡史らの名前があがった。そして、当時21歳の斎藤雅樹も自身の放出を覚悟する。１９８６年12月23日、斎藤家の電話が鳴り、「明日、球団に電話をくれ」という。ついに決まったかとヘコんだが、その夜テレビを見ていたら、テレ朝の『ニュースステーション』で落合の中日トレード成立が報じられた。思わず、家族でバンザイ三唱。翌日、球団へ電話をかけたら「そういうことで、もうトレードはないから。来年も頑張ってくれ」とあっさり告げられる。こうして、巨人に残った斎藤は１９８９年に11連続完投勝利を含む20勝をあげ覚醒、〝平成の大エース〟と呼ばれるようになるわけだ。ちなみにロッテは篠塚を欲しがったが、巨人側は移籍拒否の引退を警戒して篠塚は出せないと交渉が長引くうちに、中日新監督に就任したばかりの星野仙一が過激に仕掛けた。宿敵・巨人にだけは獲らせまいと、４対１の大型トレードをまとめ、土壇場で落合をかっさらったのだ。

まさかの三冠王流出。球団フロントが球界最高年俸のオレ流を持て余し、生え抜き青年監督に過剰に気を遣った移籍劇だったが、やがて有藤の監督就任時の条件のひとつが、現役時代に自分から主役の座を奪った落合の放出だったと週刊誌を賑わす（有藤はのちにそれを否定）。

1987年春季キャンプ、大黒柱を失ったロッテは、〝ケンカ野球〟を掲げて猛練習に明け暮れる。実戦練習で15イニングのギネス級マラソン紅白戦を選手に課し、10メートルの至近距離から強烈なゴロやライナーを浴びせる通称「殺人ノック」では有藤自らノックバットを握った。まさにズンドコノッカーベイビーズだ。

そんな三度の飯より根性論の愛と青春の熱血部活動のような日々の中で、助っ人のレロン・リーとの契約交渉が長引き、サインをしたのはリーが39歳の誕生日を迎える1987年3月4日のことだった。実は1986年末のある日、リー家の美樹夫人が落合家に電話をかけると、受話器の向こう側の信子夫人は、「とにかく、ロッテは出るつもりよ」と衝撃的な言葉を口にした。「有藤さんとウチは野球に対する考え方がまるきり正反対でしょう」と合理主義の落合が、有藤に嫌われ必要とされていない事実を伝えた上で、美樹夫人にこうアドバイスを送ったという。

「リーさんも来年は大変だと思うけど、あなたがリーさんを引っぱってあげなきゃダメなのよ。貞女面してリーさんの後ろに下がっていてはダメよ。ダンナがグラウンドで死ぬ思いをしているんだから、あなたが気持ちが地味になっちゃいけないの。プロ野球選手の妻なんだから身も心もさっそうとしてね」（リー、思いっきり愛：不思議の国の四番バッター／美樹リー／河出書房新社）

そんなノブトラダムスの大予言通り、有藤監督は落合に代わる新四番に若手選手を使うことを早々に明言。やがてリーとの対話を拒むようになり、史上最速の通算1500安打を達成した功労者を無下に扱ったのだ。前年の三冠王を失い、打率3割・30本塁打をクリアした優良助っ人のやる気を削ぎ、今思えば有藤ロッテ1年目は戦う前から終わっていた。

オープン戦チーム打率・313は12球団トップだったものの、開幕後はやはり長打力不足に悩まされることになる。いきなりの開幕3連敗スタートで、新四番に抜擢されたプロ2年目の古川慎一は、12球団で最もお得な「年俸740万円の四番打者」と話題になるが、7試合目に死球を受けて右手尺骨を骨折するとあっさり戦線離脱。ラジコン飛行機制作が趣味のリーは実は飛行機恐怖症で知られ、大阪から秋田まで9時間かけて列車移動。それ持病の腰痛にめっちゃ悪いから！　と多くのファンは心の中で突っ込んだが、リーは腰痛からの復帰となる6月30日の西武戦で一軍合流するも、本人に何の説明もないまま出場登録は見送られた。結局、「フロントがオレを追い出そうという雰囲気を感じる」なんつって不満を募らせたリーは、最後までボスとの関係も改善せず、この年限りでチームを去った。

5月末には最下位に沈み、6月には9連敗を喫したロッテだったが、オリオンズ対ライオンズ戦で〝OLデー〟を開催して女性に限り内野席を100円で解放。有藤監督は個人的に親交のある大相撲の朝潮と小錦が球場を訪ねるとノーギャラでの始球式を依頼した。営業部とタッグを組み懸命に盛り返し、8月17日の近鉄戦に勝利すると有藤体制83試合目にして初の勝率5割に到達してみせる。だが、そこがピークで夏の終わりの8連敗でジ・エンド。有藤監督はムシャクシャしたら、自宅リビングでガムシャラに掃除機をかけまくる謎のルーティンでストレス解消に務めた。

落合との交換相手のひとり、ロッテ1年目の抑え牛島和彦は目標の最優秀救援投手を受賞。西村徳文の盗塁王獲得を含む12球団1位のチーム152盗塁と明るい兆しもあったが、両リーグ最低の104本塁打は前年比67本のマイナスで、チーム最多は古川のわずか12発のパワー不足。やはり、偉大な三冠王の穴はあまりに大きかった。終わってみれば、51勝65敗14分で首位西武に20ゲーム差をつけられパ・リーグ5位。最下位の近鉄とはわずか1・5差の惨敗だった。

もちろん、有藤監督にも同情の余地はある。引退後は一度ユニフォームを脱ぎ、アメリカで本場の野球を学びたい気持ちが強かったのに、コーチ陣も勝手に全員決まっていて、「君に監督をやってもらわないと困る」という状況だった。スターにはスターの悲しみがある。Uインター時代の高田延彦のように神輿に乗らざるをえなかったのだ。屈辱の1年目が終わり、有藤は「辞めさせてくれ」と主張するも、生え抜きスターをわずか1年でバックレさせるわけにはいかない。企業のメンツがあるからだ。と言いつつ、秋の静岡つま恋キャンプ出発日に、選手たちは川崎球場からだと高速道路に乗る関係で遠回りになるため、渋谷ハチ公前に午前11時半だヨ全員集合。って中学生の修学旅行じゃないんだから！　なお、１９８７年秋のドラフトでは地味ながら実力派と評されたメガネの捕手を隠し玉としてマーク。立命大の古田敦也のことである。しかし、直前で悲しみのスルー。この年、古田は指名漏れして社会人野球に進み、２年後に野村ヤクルトの2位指名を受ける。さらば平成最強捕手。逃した魚はマジ大きかった。

結局、翌１９８８年と１９８９年は球団史上初の2年連続最下位に沈むズンドコ有藤体制。途中休養説、首脳陣間の不仲説が度々報じられる中、ミスターロッテは１９８９年限りでひっそりとチームを去った。それ以降、一度もユニフォームは着ていない。そして、この80年代後半からのロッテはいわばズンドコのどん底。暗黒期に入り、ドラフトでアマ選手たちからロッテにだけは行きたくないと敬遠され、１９９２年には川崎から千葉へ本拠地移転。千葉ロッテマリーンズとして再出発を切る。いまや球界一の熱狂的な応援で知られる千葉ロッテ誕生の流れは、ロッテ球団の福岡移転に向けて動いた元・西鉄の大エース稲尾監督の辞任と落合放出の直後から加速したといっても過言ではない。もしも落合が生涯ロッテで残留していたら。せめてトレード相手が巨人で全国区のスター選手の中畑や篠塚が来ていたら。いや、1987年秋のドラフトで古田敦也を指名していたら……。

今なお多くの「ifもしも」を野球ファンに投げかける、1987年の有藤ロッテ。猪木対アリは未来の総合格闘技に多大なる影響を与えたが、落合対アリ・トウも間違いなくその後の球史を大きく変えたのである。

1987年ロッテオリオンズ主力メンバーと年間戦績

1987年有藤ロッテ・ベストオーダー

打順		選手名	試合	安	本	点	率
1	三	西村徳文	114	116	2	27	.264
2	中	横田真之	125	112	7	51	.281
3	指	リー	104	103	9	41	.272
4	右	高沢秀昭	128	133	11	50	.292
5	一	愛甲猛	105	76	8	31	.260
6	左	古川慎一	80	49	12	34	.222
7	二	佐藤健一	116	72	9	33	.229
8	捕	袴田英利	117	56	3	16	.212
9	遊	水上善雄	119	95	9	42	.263

1987年有藤ロッテ・投手陣

選手名	登板	勝	敗	S	率
荘 勝雄	28	13	11	0	3.32
園川一美	30	8	9	0	3.55
村田兆治	21	7	9	0	4.34
仁科時成	18	7	7	0	3.20
小川 博	40	3	5	0	3.28
平沼定晴	35	1	0	0	3.21
牛島和彦	41	2	4	24	1.29

三冠王の流出、助っ人外国人との関係悪化は想像以上にチームに響いた。本塁打は衝撃の数字が並ぶ。ただ、移籍してきた牛島のセーブ、防御率の数字は救いだったのかも。

1987年の有藤ロッテ・ズンドコグラフ

年間推移&精神収支

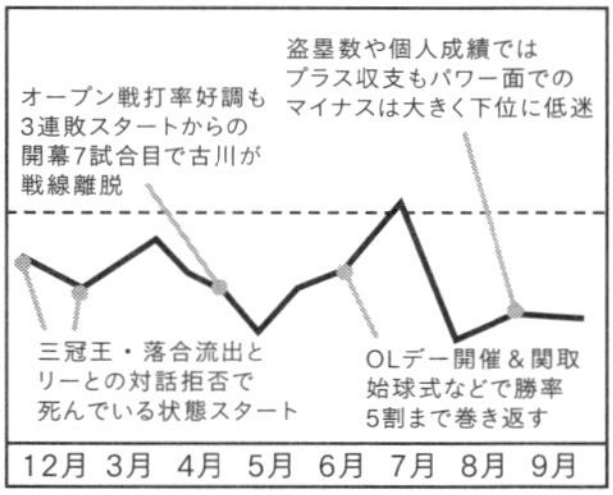
盗塁数や個人成績では
プラス収支もパワー面での
マイナスは大きく下位に低迷
オープン戦打率好調も
3連敗スタートからの
開幕7試合目で古川が
戦線離脱
三冠王・落合流出と
リーとの対話拒否で
死んでいる状態スタート
OLデー開催＆関取
始球式などで勝率
5割まで巻き返す
12月 3月 4月 5月 6月 7月 8月 9月

1987年パ・リーグシーズン最終成績

順位	球団	勝	敗	分	勝率	ゲーム差
1	西武	71	45	14	.612	―
2	阪急	64	56	10	.533	9.0
3	日ハム	63	60	7	.512	11.5
4	南海	57	63	10	.475	16.0
5	ロッテ	51	65	14	.440	20.0
6	近鉄	52	69	9	.430	21.5

ひたすら沈んでいく船を引きあげようにも引きあがらない空気は絶望を通り越している。それでもシーズン5位。逆に6位近鉄のことが読みたくなってきた。

1988年の村山阪神編

千昌夫25億円、松坂慶子10億円、十朱幸代8億円、原辰徳4億円……。

これは『週刊ポスト』1988年1月1日号の「お正月だもン景気よく行こうぜ！88年角界有名人できたてのホヤホヤ豪邸総まくり！」特集のマイホーム推定金額だ。100万円の元手を1億円に増やすファミコンソフト『松本亨の株式必勝学』が発売される財テクブーム真っ只中で、「静かな環境でいいですよ。40坪の庭に甲子園の芝を敷きました」とコメントをするのが、阪神間の夜景を一望できるサウナ付き6DK、1億5000万円の豪邸に住む岡田彰布である。もうゲイバーのホステスとの密会を写真週刊誌に激写されて「ホンマにキレイかったで」とかわけの分からない弁明をした頃のオレやない。当時30歳、1985年に21年ぶりの日本一で虎フィーバーをもたらしたが、前年の1987年には早くも球団創設以来ワーストの勝率・331、首位巨人と37・5ゲーム差をつけられてのダントツ最下位に沈み、

1988年（昭和63年）ってどんな年？

東京ドーム開場。メガドライブ発売。第二次UWF旗揚げ。光GENJI大人気。ソウル五輪男子100m走でドーピング発覚のベン・ジョンソン金メダル剥奪。南海ホークスと阪急ブレーブスが身売り。映画『ぼくらの七日間戦争』主演宮沢りえ。少年ジャンプ500万部突破。『ろくでなしBLUES』連載開始。

1988年は通算222勝右腕の〝ミスタータイガース〟村山実新監督を迎えての捲土重来のシーズンに……ならなかった。ゴメン、最初に思わずネタバレかましちゃうぐらい、ボロ負けのアレだった。大阪の町工場経営者の岡田父が阪神のタニマチ的な存在で、少年時代の彰布がキャッチボール相手を務めたのが引退試合を控えた村山だった……なんて小ネタも虚しく響く惨敗だ。宴会コンパニオン出前サービスは5000円の別料金で裸になる「野球拳セット」が大人気という好景気の浮かれた世の中で、1秒も浮上できなかった村山阪神を襲った冗談みたいな悲劇の数々。この物語はフィクションではなく、実際にプロ野球界で起こった真実のズンドコストーリーである。

「今年、成績が悪かったら、責任を取るのは選手の方。オレはクビにならん。クビになるのは選手や！」

念のため断っておくと、この村山監督の阪神球団1988年御用始めでの挨拶もギャグではなくガチである。こんなボスのもとで絶対働きたくねぇ……と戦慄させる熱血指揮官の脅迫に対して、岡崎球団社長も「監督のいう通り、去年の契約交渉でも何人かには〝今年ダメだったら……〟といってある」と援護射撃。その一方でフロントは村山が希望した田淵幸一や江夏豊ら夢のコーチ組閣をことごとく却下して、将来の監督就任が既定路線だった早大出身の中村勝広二軍監督を一軍コーチ枠にゴリ押し介入。真っ直ぐな村山はカッとなり、自ら江夏と交渉するために準備していた新幹線のチケットを破り捨てたという。自身の経営するスポーツ用品販売会社よりも、愛するタイガース復権のために身を投じたが、しょせん中村までの〝繋ぎの監督〟でしかなかったのだ。

なにより、16年ぶりに復帰した阪神は戦う集団とは程遠く、キャンプイン後の村山はコーチ陣に向かって、「選手を叱るときは、その場でビシッと叱れ！」なんてブチギレ、野次を飛ばした見学のファンに食ってかかり、連係プレーでミスを繰り返す外野陣に集合をかけて「しっかり、カットマンへ返さんかい！」なんて炎のダメ出し。期待の若手サウスポー仲田幸司が右太ももを痛めると有無をいわさず外出禁止令のカミナリだ。オープン戦初戦の2月28日阪急戦はあっさり完封負けを喫し、翌1日の練習では選手たちに罰走を命じるも、最強助っ人のランディ・バースは、自身の日記にこう書き記している。

「監督の罰則で長いランニングとなったが、ハードなランニングをしたからといって、われわれが上達するというのか。まったく、バカな話である」（バースの日記。／ランディ・バース／翻訳・平尾 圭吾／集英社）

追い打ちをかけるように、その10日後には球団通訳の結婚式で、「私が28歳くらいの全盛期には、いつも王選手を三振に切って取ったものです」なんて己のエース時代を懐かしむ村山監督の祝辞に対しても、バースは心底呆れてみせる。

「まったく場違いな、バカなスピーチだった。見下げ果てたヤツだ。こんな場でｂｒａｇして（威張って）どうなる」

ちなみにこの年のバースは年明けの1月12日にようやく正式契約を交わし、マウイ自主トレ中に息子が発熱したこともあり、キャンプ終盤の2月20日からチームに合流して練習を開始。つまり、大黒柱の主砲が新しいボスと出会ってわずか3週間ほどで、「とんでもないバカ」と見切る異常事態なわけだが、村山監督はダメ虎再建に向けて、門限破りには去年の3万円を大きく上回る10万円の高額罰金を科すことを決めたのであった。自爆テロのような采配の数々でチームは疲弊し、オープン戦は当然のように3勝10敗3分けの最下位。これじゃアカンと１９８５年Ｖ戦士からの世代交代を目指して、大野久、和田豊、中野佐資の若手野手トリオを〝少年隊〟と名付け、ベテラン野手陣の嫉妬と反発を受けながらも村山自ら打撃投手を務めて売り出した。なお、その中のひとりが伝説の「おはよ〜！チュッ（笑）」メールスキャンダルで世間を騒がすのは約25年後のことである。

長男の入院で一時帰国していたバースは3月末に再来日したが、開幕カードの広島戦はセ・リーグ史上初の2試合連続完封負けスタートで3連敗を喫し、続く本拠地・甲子園での巨人戦にも負け、あっさり開幕4連敗。5戦目で先発キーオが137球の熱投、少年隊・中野が3打点の活躍でようやく初勝利をあげると、激情家の村山は試合後の会見中になんと感極まって号泣。その異様なテンションで1シーズン持つのかと誰もが心配したが、ここから村山阪神は勝率5割に復帰。5月の大型連休には春に開場したばかりの東京ドームで、王巨人に3連勝して単独2位に浮上する。

だが、この渦中にも銀座でバース、掛布雅之、真弓明信、岡田らベテラン陣が集まり村山批判を肴に盛り上がる始末。そして、「とにかく村山監督がすべてを台無しにしてしまった。日本のプロ野球史上でも、特筆に価する迷監督ぶりだった」と嘆くバースは、愛息に脳腫瘍の疑いがあり母国での治療のため、家族を連れて緊急帰国を決断するのである。5月5日の巨人戦に「4番一塁」で先発出場したが、これが〝神様〟とまで称された男にとってラストゲームになるとは、まだ誰も予想だにしなかった。この後、解雇されたバースは保険に加入していなかった阪神球団と息子の治療費を巡り対立。幸いにも病気は快方に向かったが、双方の弁護士を交え、4カ月の長期に渡り争うことになる。

さらにもう一人の阪神の顔、選手会長の掛布も極度の打撃不振に喘いでいた。プロ15年目、ガラスの三十代は腰痛や左ヒザ痛を抱えながら、開幕から「3番三塁」で全試合に出場を続けるも調子は一向に上がらず、5月下旬には5割ラインで踏ん張っていたチームも8連敗。村山監督は次第に「走者も進められないようじゃあ、話にならん！」と背番号31にイラ立ちをぶつけるようになる。6月10日にはシーズン中に異例のフロント大刷新が行われ、見掛道夫新社長が誕生。古谷真吾常務が代表に昇格した。さらに左太ももの肉離れで離脱していた田宮謙次郎ヘッドコーチが、村山監督との折り合いも悪くそのまま現場復帰することなく、球団本部の総合アドバイザーという謎のポジションに転身。そんなゴタゴタ続きの村山阪神は6月5勝13敗と大きく負け越し、7月に完全崩壊する。

まず、スポーツ新聞の一面で自身の「6番降格」を知った掛布は、7月13日、試合開始前の甲子園球場内ロッカールームで、古谷球団代表、高田順弘本部長、村山監督らと2時間以上の4者会談。翌14日、在阪スポーツ紙が「掛布引退決意」をこぞって報じる中、「左ヒザの治療に専念するため」と一軍登録を抹消された。ファームで若手に混じって練習参加した掛布だが、浜田球場で少年ファンに普段使用しているバットとウインドブレーカーを気前よくプレゼント。使い込んだバットは決して人に譲らないことで知られる男の予想外の行動に、報道陣も「引退は間違いない」と囁きあった。なお、国際電話で解雇を告げられたバースも、身辺整理のため7月13日に再来日して大阪入り。しかし、約2カ月半ぶりに訪ねた甲子園に盟友・掛布の姿はなかった。そして、5日後の18日、オーナー会議出席のため上京した古谷球団代表が宿泊先のホテルで飛び降り、自ら命を絶つ。代表職に就いてわずか1カ月余り、心労が重なり56歳での早すぎる別れだった。

もはやチームは戦える状態ではなかったが、無情にもペナントレースは続いていく。気が付けば最下位のダメ虎を立て直そうと、バースに代わる新外国人選手のルパート・ジョーンズが入団するが、日本球界初の背番号00のみが話題に。高田本部長は「阪神の現状を考えて、ゼロからの新しいスタートという意味でこうしました」と心機一転のリスタートを強調するが、大リーグ通算147本塁打でスキンヘッドの風貌から〝00怪人〟と期待されたジョーンズは、7月29日に「3番一塁」でデビューも、慣れないファースト守備でエラー連発。外野に回されるが、すでに33歳で左肩がぶっ壊れており、スローイングもままならない状態だった。

それでも、8月は前半に3試合連続完投と投手陣が意地を見せ、8月27日の広島戦ではベテランの田尾安志がサヨナラ満塁アーチを放った。しかし、9月14日、一軍本隊が東京遠征中に大阪のホテル阪神で、「自分なりに結論を出した。悔いはありません」と掛布が現役引退を発表する。33歳の若さだったが、もともと掛布は打撃コーチのアドバイスにも耳を貸さない頑固な一面があり、『週刊ポスト』1988年9月30日号には、同僚ベテラン選手のこんなコメントが掲載されている。

「結局、自分を殺して、監督とうまく折り合いをつけられなかったんです。それに生え抜きの現場リーダーという責任感が強すぎて、監督も煙たくなったんだと思いますよ」

背番号31は10月10日の本拠地最終戦。ヤクルトとのダブルヘッダー第2試合に慣れ親しんだ「4番三塁」でスタメン出場して、ファンに別れを告げた。結局、1985年に219本塁打を記録した猛虎打線は掛布とバースという牙を抜かれ、1988年は12球団最少の82本塁打、こちらも球界最低444得点の貧打に泣く。村山阪神の船出は51勝77敗2分け、勝率.398。V1を達成した星野中日とは、29.5ゲーム差離されての2年連続最下位という惨敗で終わった。さすがの村山監督も反省して、選手に歩み寄るのではと思われたが、「1キロについて5万円ぐらいかな。2月1日にベストの状態にするのが選手の義務やから、罰金も当然やろ」と来季に向けて懲りずに新たなる体重超過罰金案を語る驚愕の指揮官であった。

ちなみに監督としてはボロクソに叩かれた村山だったが、ダイナミックなザトペック投法で鳴らした現役時代は「東の長嶋、西の村山」と称された昭和球界のスーパースターだった。ある男子高校生は、遠足で和歌山のみさき公園に行った際、その後の人生を決定づける衝撃を受ける。帰りのバスが国道43号線を走っているとき、芦屋川の手前で一時停車すると、バスガイド嬢はこう紹介したという。

「みなさまァ、右に見えますのは、阪神タイガースのエース・村山実投手の『マンション11』でございまーす」

思わず、「ワァ、ええなあ」と当時は珍しかった四階建てのマンションを見上げて少年は目を輝かせた。彼は物心ついたときから阪神ファンで、タイガースの背番号11がヒーローだったのだ。この村山に死にたいくらいに憧れた高校生こそ、のちの元近鉄のビッグワンこと鈴木啓示である。そして、鈴木は自著『投げたらアカン!』で、瞬時にある決意をしたと書き残している。

「ヨーシ、オレもプロ野球のスターになって、あんな鉄筋コンクリートの、どでかい家を建てたろ! そして芦屋の浜でトレーニングをするんや……」

やがて少年は300勝投手となり、フグ代に3カ月で300万円ぶっこんじゃうビッグワン

へと変貌していくわけだが、球界ズンドコ
指揮官の系譜は、村山実から鈴木啓示へと
華麗に継承されていくのである。

1988年阪神タイガース主力メンバーと年間戦績

1988年村山阪神・ベストオーダー

打順		選手名	試合	安	本	点	率
1	中	大野 久	130	130	7	42	.254
2	遊	和田 豊	127	111	1	20	.279
3	三	掛布 雅之	67	63	5	32	.250
4	二	岡田 彰布	127	121	23	72	.267
5	右	真弓 明信	130	129	17	67	.270
6	一	ジョーンズ	52	43	8	27	.254
7	左	中野 佐資	108	65	4	25	.237
8	捕	木戸 克彦	121	89	6	38	.254
9	代打	バース	22	25	2	8	.321

1988年村山阪神・投手陣

選手名	登板	勝	敗	S	率
キーオ	28	12	12	0	2.76
仲田 幸司	29	6	9	1	3.88
野田 浩司	42	3	13	0	3.98
池田 親興	28	7	10	0	4.01
伊藤 文隆	6	2	0	0	0.64
遠山 昭二	42	2	9	0	3.84
中西 清起	46	8	9	15	4.45

村山チルドレンの"少年隊"は大野と和田がふたりで41盗塁。中野も翌年に二ケタ本塁打を記録と成長を見せたが、バース解雇と掛布の衰えが響き、パワー不足に泣いた。投手陣はキーオが奮闘、ルーキー野田がフル回転で大きく負け越すも規定投球回に到達。野田はのちに移籍先のオリックスで最多勝投手に。

1988年の村山阪神・ズンドコグラフ

年間推移&精神収支

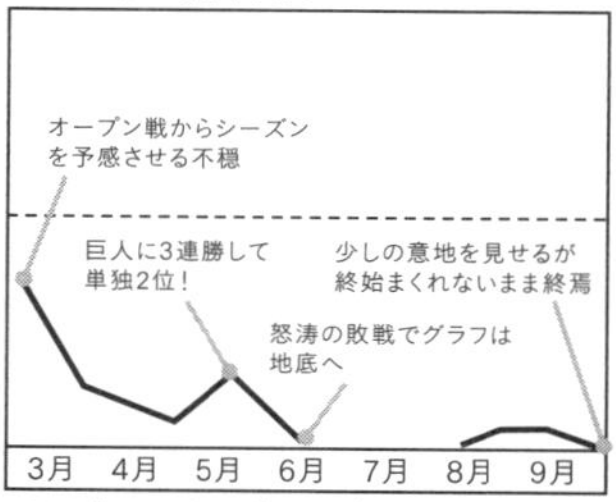
オープン戦からシーズンを予感させる不穏
巨人に3連勝して単独2位!
怒涛の敗戦でグラフは地底へ
少しの意地を見せるが終始まくれないまま終焉
3月
4月
5月
6月
7月
8月
9月

1988年セ・リーグシーズン最終成績

順位	球団	勝	敗	分	勝率	ゲーム差
1	中日	79	46	5	.632	—
2	巨人	68	59	3	.535	12.0
3	広島	65	62	3	.512	15.0
4	大洋	59	67	4	.468	20.5
5	ヤクルト	58	69	3	.457	22.5
6	阪神	51	77	2	.398	29.5

消えたグラフに象徴されるような凄惨かつ残酷な一年。たった3年でこんなにもなってしまうのか……。甲子園を、日本を沸かせた球団の末路も悲しいが、チームに歓喜をもたらした主力たちの最後も悲しい。

1988年の王巨人編

カネ余り、モノ余り、浅香唯。クイズ世界はSHOW by ショーバイ!! そんな1988年、俺らの人生の教科書『少年ジャンプ』はついに500万部を突破して、年間197本ものファミコンソフトが発売された。

ニッポンの好景気は異常なレベルにまで達し、巨人の超大物新助っ人ビル・ガリクソンも、ジャパンマネーに釣られて来日するなり秋葉原へダッシュ。マウンテンパーカーにヨレヨレの綿パン姿で、「子どものため」なんて言ってファミコンソフトを買い求めた。「スーパーマリオはアメリカにもあったぜ。オレは8面までクリアできたんだ」って完全に自分用じゃねえかガリー！　大リーグ通算101勝、来日前年まで6年連続12勝以上の超大物は、あの昭和の怪物投手の穴を埋めるため東京へやって来た。

「そこに打てばなんとか投げ切ることができる。ただ、そこに打ってしまうと今年で終わって

1988年（昭和63年）ってどんな年？

『ドラクエIII』発売。映画「AKIRA」公開。六本木のディスコ・トゥーリアで照明落下事故。ガンズ・アンド・ローゼズが初来日公演。THE BLUE HEARTS『TRAIN-TRAIN』ヒット。村上龍が小説『トパーズ』刊行。昭和天皇が重篤で自粛ムードが広がる。

しまう。そういう決断を迫られた日があったんです」

一応断っておくと、これは『北斗の拳』のケンシロウの秘孔ではなく、江川卓が自身の右肩に打ったという中国針の話である。巨人のエースは、1987年11月12日ホテルニューオータニの引退会見で涙ながらに〝禁断の針〟を語りユニフォームを脱いだ。わずか9年の現役生活。のちに鍼灸関係者から「そんな危険な場所はない」と抗議を受け、こっそり話盛りすぎを謝罪撤回したが、王巨人はその年13勝をあげた背番号30の代役探しに奔走することになる。そこでヤンキースとのガチンコマネーゲームを制して、年俸1億4300万円で獲得したのがファミコン大好きガリクソンである。1988年は記念すべき東京ドーム開業元年ということもあり、日本一奪回が至上命題だった。

世界の王貞治は当時47歳。就任4年目で悲願の初Vを達成するも、日本シリーズで西武ライオンズに野球の質の差を見せつけられ完敗。いわば、雪辱を期した監督5シーズン目を迎えていた。グアムキャンプでは、前年MVPの正捕手・山倉和博が発熱でリタイア第1号。結局、山倉はナマクラぶりを発揮して年間を通して故障に悩まされることになる。そんな、リーグ優勝したのに崖っぷちというなんだかよく分からない立ち位置の「1988年の王巨人」を支える若きエースは、もちろんハタチの桑田真澄である。オープン戦は4勝0敗の絶好調で、

「ボクは、なにごとに対してもそうなんですが、ナチュラル。自然というのがモットーなんです。だから、化粧というのは、考えられませんね」なんて代名詞の1秒も笑えないマスミギャグを口にしたが、息子のＭａｔｔが化粧水をプロデュースするのはその30数年後のことである。4月8日のヤクルト戦で球団史上最年少の開幕投手を務めるも、7回に味方守備が乱れ黒星スタート。その後、勝ち星から見放され、4月26日のヤクルト戦でようやく初勝利をあげるも、背番号18にとって苦難のシーズンの前兆だった。

対照的に抜群の開幕ダッシュを見せたのが、ガリクソンだ。東京・広尾の1カ月の家賃が100万円近いと知り、「クレイジー！　なんでそんなに高いんだ！」と物価の高さにビビったガリーは、寿司や刺身の日本食にも果敢に挑戦するナイスガイだったが、ナゴヤ球場での試合前に青白い顔をして、ロッカー裏でしゃがみこんでしまう。「トイレ。ジャパニーズ・スタイルばっかりね。ボク、これだけはダメです……」なんつって大リーガーも和式便所にKO負け。なんとか球場内に洋式トイレを見つけて緊急事態は回避。連勝街道をひた走り、4月は4連勝で月間ＭＶＰを受賞する。神宮球場では、ヤクルトのルーキー長嶋一茂にプロ初アーチをプレゼントするおまけつきで、4月9勝8敗1分と波に乗り切れない王巨人の大黒柱となった。

打線では自由が丘で車庫飛ばし……じゃなくて美容室と喫茶店がセットになった「ジャル

ディーノ」をオープンしたばかりのベテラン篠塚利夫が、37試合を消化時点で打率4割をキープ。しかし、原辰徳が極度のスランプに陥り、5月に入ると4番には来日5年目のクロマティが座った。しかし、頼みのガリーが5月から6月にかけて1勝7敗と急ブレーキ。嫁さんのタイプは「第一条件は、なんといったって、清潔な人ですね。ボク自身、清潔さということには、気を使っていますので、ね」なんて執拗に1秒も笑えないマスミギャグをかます桑田クンは置いといて、6月13日の甲子園での阪神戦で事件が起きる。クロマティが左手親指に死球を受け骨折。チームドクターによれば、「完全に骨がくだけている状態」の重傷で打率・333のベストテン3位につけていた助っ人が戦線離脱してしまう。

リリーバー鹿取義隆は酷使による勤続疲労が忍び寄り、チームは1点差ゲームに8連敗と接戦に激弱。槙原寛己は好投するも打線の援護に恵まれず、のちの〝平成の大エース〟斎藤雅樹はまだ便利屋稼業に追われる覚醒前夜。そんな暗い雰囲気を吹き飛ばしたのが、背番号97の呂明賜だ。春に台湾から来日した呂は、外国人枠の関係で二軍でのプレーを余儀なくされたが、イースタン31試合で12本塁打と驚異的なペースでアーチを量産していた。クロウ離脱の翌14日、一軍昇格すると神宮球場のヤクルト戦に「6番ライト」で先発出場の呂は、いきなり左翼席へ1号3ランを突き刺す初打席初本塁打の衝撃デビューを飾る。以降9試合で7ホーマーの抱きしめて呂フィーバーの幕開けだ。「ヤツはジャイアンツを救う男だよ」と王監督も救世主の登場を喜んだ。

6月23日の大洋戦では、話題の〝アジアの大砲〟をひと目見ようと東京ドームのバックネット裏に長身のアゴヒゲ姿の外国人が目撃される。〝殺人医師〟ことスティーブ・ウィリアムス……ではなく、映画監督のジョージ・ルーカスである。「アメリカでも屋根のついた球場で観戦したことはあったけど、ここの球場の方がキレイでいいね」とビックエッグにご満悦。「サダハル・オー／最後の聖戦」を楽しんだ。

呂旋風で首位浮上した巨人だったが、年に一度の北海道シリーズで衝撃のアクシデントに襲われる。7月6日、札幌市円山球場の中日戦で左中間の打球を捕球しようとしたレフトの吉村禎章に対して、守備固めでセンターに入っていた栄村忠広が猛スピードで突っ込んできて左足に激突。この日の2打席目に通算100号を達成していた男が一瞬で天国から地獄へ。のちに診察したジョーブ博士も「野球選手でこんなひどい怪我はみたことがない」と驚く左ヒザ靱帯3本断裂の重傷を負ってしまう。8回表、9対1の大量リードの最中に起こった札幌の悲劇。直前の7回裏、吉村のひとり前で攻撃が終わっていたが、もし打順が回っていたら8回の守備から交代する予定だったという。

当時25歳、前年には打率3割30本塁打を記録して、1988年3月の東京ドームこけら落としゲームでビッグエッグ第1号を放ち、賞金100万円をゲットすると「家のローンに当てます」なんてカテェコメントをする天才打者・吉村を襲った野球人生の危機。結果的にこの事故は巨人軍の未来予想図を大きく狂わせてしまう。

翌7日、今度は呂も外野フェンスに激突して右ヒザを強打。車椅子に乗って病院へ直行する。動揺するチームを鼓舞するようにサヨナラ20号アーチを放ったのは、やはり4番の原だったが、7月17日にはそのタツノリまでもが、左足アキレス腱痛と右手軟骨の痛みを訴え欠場。1週間後に30歳の誕生日を迎える満身創痍の若大将は、いよいよ外野転向が現実味を帯びてくる。代役の第51代4番には疲労困憊の呂が座ったが、クロマティ・原・吉村の開幕戦クリーンアップが全員スタメンから姿を消す異常事態である。それでも前半戦を2位中日に1ゲーム差をつけ首位ターン。だが、オールスター初戦が雨で1日繰り越し順延になり、2泊3日だった遠征が3泊4日に。原は深刻な顔をしてこう嘆いた。

「困ったね。なにしろ着替えの洋服、下着が足りなくなってしまったんだ。3日分しか用意してなかったでしょ。きのうはホテルで、パンツを自分で洗ったんだよ」（週刊ベースボール1988年8月15日号）

なお、『週刊ベースボール』は球宴で9打数無安打に終わった原の不振を「パンツ不足が、凡打の山の原因」と鋭く分析している。チームの顔が、ホテルで自分のパンツを洗うズンドコびんびん物語。案の定、王巨人は後半戦に急失速してしまう。7月29日に首位転落すると、8月11日には早くも自力V消滅。8月末には星野中日に7・5ゲーム差つけられ、夏の終わりには終戦ムードが漂っていた。

9月1日、ロスから成田へ降り立ったクロマティは、大きなラジカセをぶら下げて、ノリノリの再来日。患部は筋肉を繋ぎ合わせていたケンまで切れる重傷で、今季中の復帰は絶望的だったが、クロウは自身がドラムを叩くバンド「クライム」のデビューCDがリリース間近でご機嫌だった。9月10日の阪神戦で原が発熱で欠場すると、34歳の中畑清が代役4番に。9月20日には、すかしっ屁のような駒田帰宅事件が勃発。この年、打率・307をマークする駒田徳広が、守りのミスを連発して途中交代させられると、それを不服としてベンチの壁をバットで叩くなど派手に暴れて、王監督から「帰れ!」と一喝。「オレだってわざとやっているんじゃねえぞ!」なんてブチギレて宿舎に戻る騒動を起こしている。25日の広島戦では日テレの巨人戦中継で史上最低の視聴率9・5%を記録。ガリーが後半持ち直して14勝をあげ、ベテラン捕手の有田修三が最後の輝きを見せ、原はなんだかんだ3割30本をクリアするも、ドーム元年は失意のまま幕を閉じようとしていた。

しょっぱい戦いが続く巨人とは対照的に、世間の関心は熱パの行方に。王者・西武と近鉄が激しいデッドヒートを繰り広げたが、この勝負どころで猛牛打線の主砲ブライアントは打席に立つのも、走るのも辛い様子だった。どうやらキンタマが痛いとベンチ裏であそこを押さえているという。「大事な時に大事なモノを、傷めてしまっていたのである」と『週刊文春』1988年10月20日号は緊迫のキンタマリポートを報じている。あの川崎球場での伝説のダブルヘッダー〝10・19〟に辿り着くまでに、愛と幻想のキンタマロードが存在したのである。

そして、68勝59敗3分で中日に12ゲーム差離されての2位に終わった巨人は、9月29日に4試合を残して王監督の辞任が発表された。2位じゃダメなのが昭和の盟主・巨人の宿命でもあった。後任は待望論の根強い長嶋茂雄でも噂の広岡達朗でもなく、藤田元司の6年ぶりの現場復帰。10月4日、王巨人ラストゲームを最後締めたのは、もちろん「ピッチャー鹿取」だった。「ただただ残念です」という屈辱の辞任会見から1カ月後。世界の王は意外な場所に姿を現す。10月31日、六本木の全日空ホテルで開かれた、ロックバンド「クライム」のファーストアルバム発表パーティーに特別ゲストとして参加したのだ。手を骨折したクロマティがドラムを叩くという前代未聞の造反行為。にもかかわらず顔を出す人格者の世界の王。「オーさん、元気でしたか?」なんつって抱きつくクロウが、翌1989年にMVPに輝く大活躍で藤田巨人を8年ぶりの日本一に導くわけだが、それはまた別の話だ。

なんにせよ現役生活22年、助監督・監督として8年の計30年間にも渡る〝巨人の王〟の時代が終わった。ついに、長嶋も王もいない巨人軍となり、ニッポンの昭和が終わり、平成が始まるのである。

1988年読売ジャイアンツ主力メンバーと年間戦績

1988年王巨人・ベストオーダー

打順		選手名	試合	安	本	点	率
1	左	簑田浩二	93	59	6	18	.234
2	遊	岡崎郁	106	87	5	30	.275
3	二	篠塚利夫	116	131	6	58	.316
4	三	原辰徳	126	140	31	81	.300
5	右	呂　明賜	79	70	16	40	.255
6	中	駒田徳広	116	112	11	40	.303
7	一	中畑清	124	131	10	46	.295
8	捕	有田修三	74	59	12	40	.292

1988年王巨人・投手陣

選手名	登板	勝	敗	S	率
ガリクソン	26	14	9	0	3.10
槙原寛己	27	10	13	0	2.16
桑田真澄	27	10	11	0	3.40
水野雄仁	23	6	6	1	3.23
西本聖	15	4	3	0	3.90
斎藤雅樹	38	6	3	3	1.89
鹿取義隆	45	8	4	17	3.20

クロウ、吉村の離脱が響き、呂も後半失速。80年代の巨人の顔、中畑・原・篠塚が意地を見せた(中畑は翌1989年限りで引退)。ガリクソンは200投球回を突破、江川の穴を埋めたが、5年間の王政権が終焉を迎えた。

1988年の王巨人・ズンドコグラフ

年間推移&精神収支

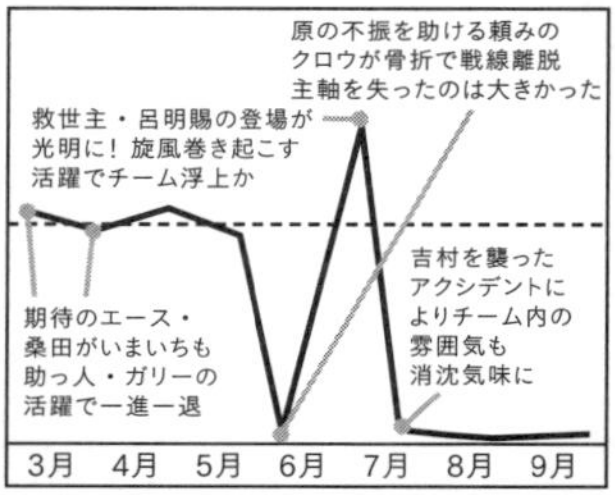

原の不振を助ける頼みのクロウが骨折で戦線離脱主軸を失ったのは大きかった
救世主・呂明賜の登場が光明に！旋風巻き起こす活躍でチーム浮上か
期待のエース・桑田がいまいちも助っ人・ガリーの活躍で一進一退
吉村を襲ったアクシデントによりチーム内の雰囲気も消沈気味に
3月
4月
5月
6月
7月
8月
9月

1988年セ・リーグシーズン最終成績

順位	球団	勝	敗	分	勝率	ゲーム差
1	中日	79	46	5	.632	−
2	巨人	68	59	3	.535	12.0
3	広島	65	62	3	.512	15.0
4	大洋	59	67	4	.468	20.5
5	ヤクルト	58	69	3	.457	22.0
6	阪神	51	77	2	.398	29.5

ガリクソンの活躍、チームを救い話題を提供した呂明賜の登場などのトピックはあるものの、ツキのなさにもみまわれた感のある1988年の王巨人。

第2章

しくじり続ける男たち

～平成の章

1989-1999

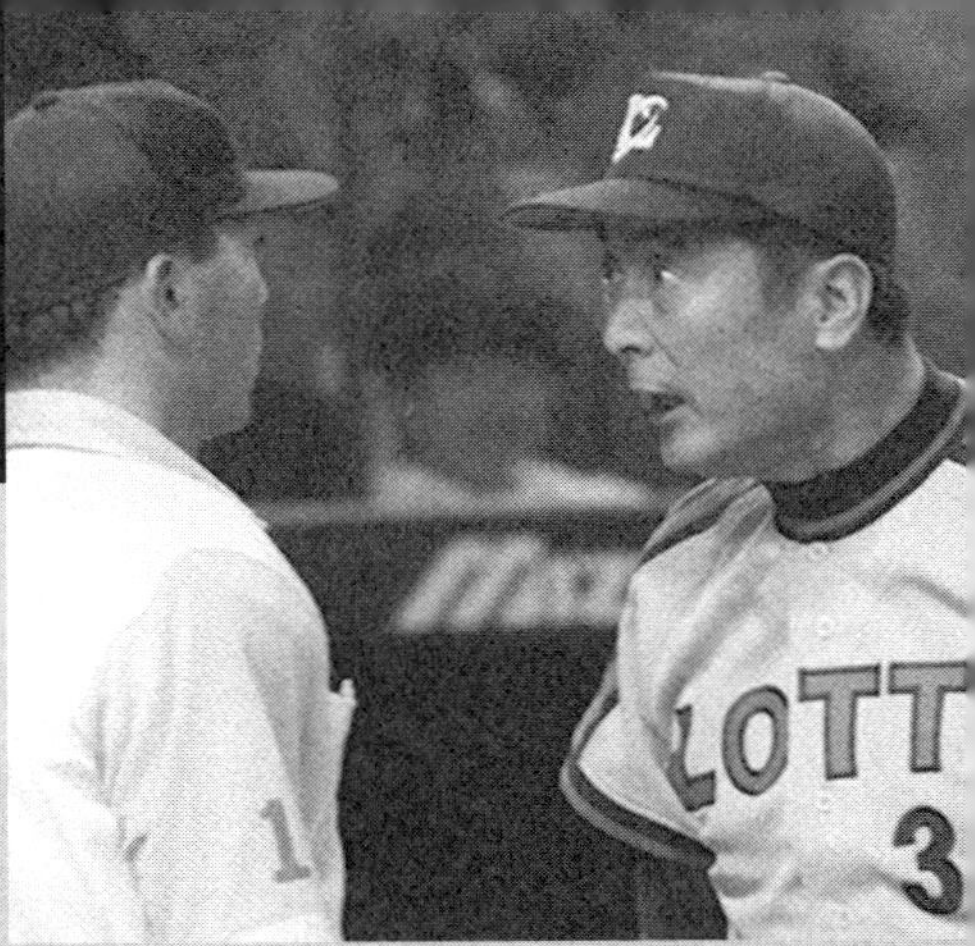

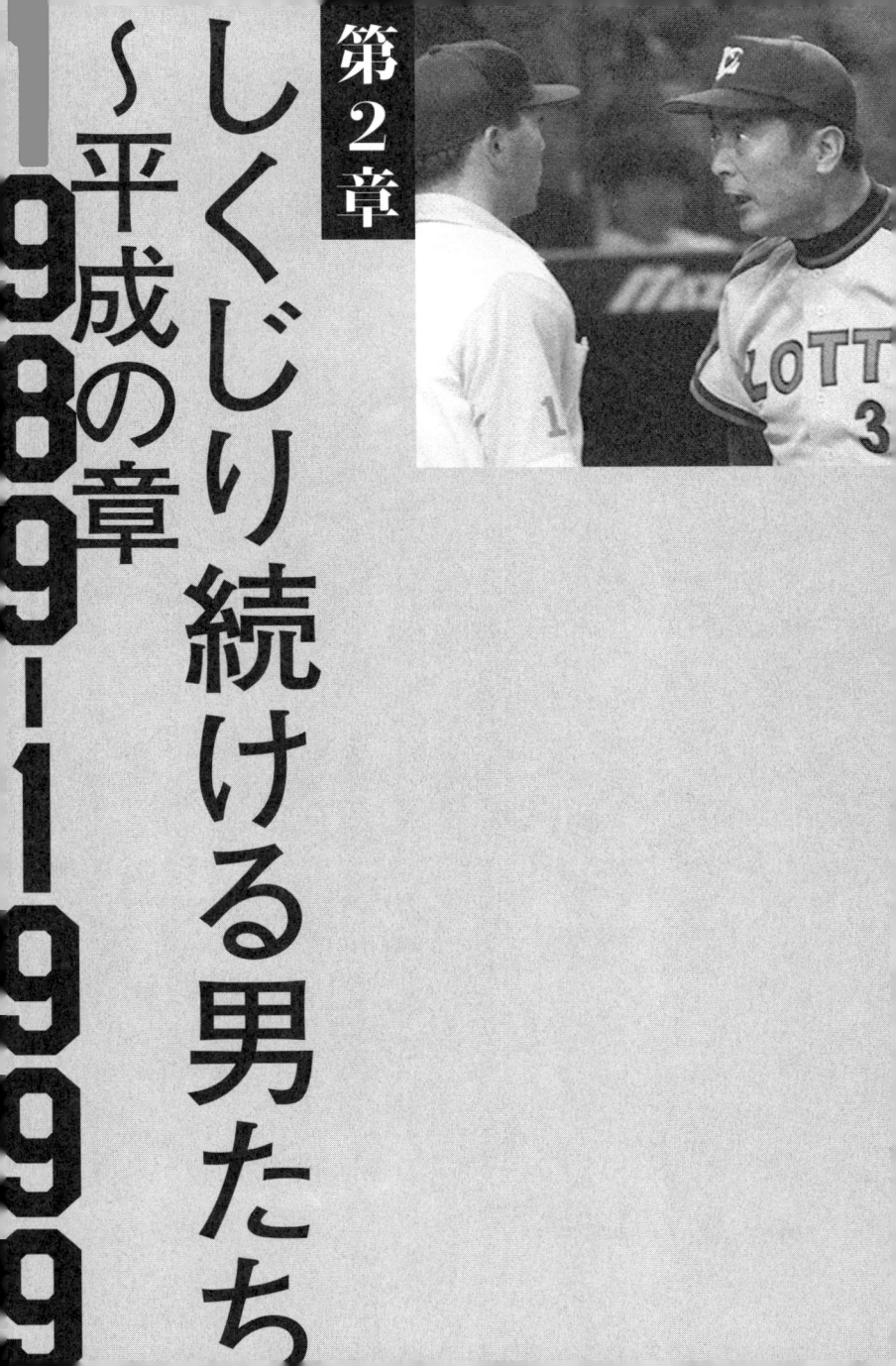

1989年の上田オリックス編

ミニ四駆のサンダードラゴンJr、金曜ロードショー放送のイタリア映画『サンダー／怒りの復讐』、超闘王サンダーストーム北尾光司。あの頃、確かにサンダーブームが到来していた。

思えば、オリックスの「ブルーサンダー打線」の誕生も電撃的だった。1988年10月19日、ロッテ対近鉄のパ・リーグ優勝を左右する伝説のダブルヘッダー〝10・19決戦〞が行われた日、阪急からオリエント・リースへの球団譲渡が発表された。昭和最後のシーズン、古豪阪急ブレーブスも8年ぶりの勝率4割台で4位に終わり、観客動員は苦戦。その4日前には、球団売却と福岡移転が決まった南海ホークスが、大阪球場でのラストゲームを終えたばかりで、バブル好景気の真っ只中にパ老舗2球団の相次ぐ身売り。『週刊ポスト』では「電鉄会社が沿線開発の目玉にと球団を持った〝実業の時代〞はもう終わり、プロ野球界もサービス業などの新興の第三次産業が幅をきかす〝産業の時代〞に突入した」とその流れを報じている。

1989年（平成元年）ってどんな年？

「平成」に改元。ダウンタウン『ガキの使い』放送開始。プリンセス・プリンセス『Diamonds』大ヒット。松田優作の遺作映画『ブラック・レイン』公開。Mr.マリックの超魔術ブーム。任天堂ゲームボーイ発売。「オバタリアン」が流行語大賞。サントリー「鉄骨飲料」大ヒット。

あまりにも突然の阪急消滅に、発表当日の昼に西宮球場の監督室に山田久志とともに呼ばれた〝世界の盗塁王〟福本豊は、「監督、また冗談言いよる。これ、どっきりカメラでしょ」なんつって天井のカメラを探すほどだった。その譲渡発表から4日後の10月23日、史上最高のサブマリン山田の引退試合に決まっていた西宮でのロッテのダブルヘッダーが、阪急ブレーブス最後の試合となる。試合後セレモニーで上田利治監督は「今日で辞める山田と、残る福本」と言うはずが、「今日で辞める山田、福本」と言い間違い。しゃあない。現役20年目で阪急も消える。わざわざ訂正するのも面倒や。「監督があぁ言うたんやから辞めなしゃあないな」とあっさり現役引退を決める福本であった……ってえぇっ⁉ 本当に辞めちゃうのかよ！ 通算１０６５盗塁の大選手の去り際としてはあまりに寂しいが、福本の選手兼任でのコーチ就任に反対する上田監督が確信犯的に間違えた説が今となっては濃厚だ。公募した６００点の歌詞の中から選び秋元康が手を加えたオリックスブレーブスの新応援歌タイトルは『問題ないね。』って、めちゃくちゃ問題あるよ！

なお、福本自身はのちに『週刊ベースボール』で「俺をコーチ専任にして、カドやんの相手をさせたかったんちゃうかな」と推測。１９８８年シーズン、40歳にして44本塁打を放ち、ＭＶＰに輝いた南海の〝不惑の大砲〟門田博光は、子供の受験もあり九州行きには難色を示していた。ダイエーではなく、関西の球団でプレーしたいというわけだ。当初は近鉄への移籍が確実視されており、トレード相手のひとりとして名前が挙がっていたのはのちに「巨人はロッテより弱い」発言で有名になる加藤哲郎だった。しかし、40代の門田を獲得するために20代の選手3名を交換相手に提示したオリックスが逆転獲得。〝中年の星〟は一夜にしてワガママ呼ばわりの悪役になるが、新天地でDHだけでなく左翼守備にも就くと張り切るカドやんは、オフに卵と野菜を中心とした食事療法のデンマーク式ダイエットを敢行。まるでツープラトン式バックドロップのようなダイエット法で8キロの減量に成功した背番号78は、昭和が終わり、平成が始まったばかりの1989年春季キャンプのフリー打撃で衰え知らずの殺人スイングを披露。「まるでショーやな。ボールがつぶれとるんとちゃうか」と首脳陣が呆れると、外野フェンスの外では本当に表皮がズル剥けて、中のコルクが巻かれた糸が顔を出す潰れたボールが多数発見された。門田のスイングはガチで硬球を破壊したのである。

怪物カドやんとクリーンナップを組むブーマーも負けていない。昨年は太りすぎて膝を痛めた反省から、秋から大好物のビールを絶ち、パンやポテトもいっさい口にせず、なんと18キロの減量に成功。世界五大動けるデブと称された、小錦、ベイダー、ビガロ、キマラ、そしてブーマーの意地。試合前にラーメンを食べるというどう考えても脂肪がつきそうなルーティーンにハマりながらも、キレッキレの背番号44は1989年開幕から5試合連続アーチの世界新記録を樹立。オリックスはチーム新記録の開幕8連勝と絶好のスタートを切る。月間MVPは4月が3番ブーマー、5月は4番門田で分け合い、さらに第二ロケットと称された5番石嶺和彦と6番藤井康雄も好調でトップバッターの松永浩美を加えて5人が打率ベストテンに名を連ねる「ブルーサンダー打線」が爆誕する。弱投もなんのその、打って打って勝ちまくる。6月30日には2位近鉄に8・5差、リーグ4連覇中の3位西武に10差をつける独走態勢に。

一方で『週刊新潮』1989年7月6日号では「首位なのに嫌われるオリックス野球」という記事も掲載されている。試合前の練習が終わり、スタンドを見上げて「入らんなあ」とぼやく上田監督。主催26試合で平均2万人すら遠い、わずか38万1000人。一試合あたり1万4654人は、昨年の同時期に比べて17%減である。阪急ブレーブスではなくなったのに本拠地は西宮のまま。馴染みのないオリックスという新興企業名。現場では新幹線の移動がすべてグリーン車に変わり、遠征先の部屋は選手だけでなく裏方も広いツインルームになるなど恩恵はあったが、新球団がファンに浸透するにはまだ時間がかかりそうだった。

そんな時、事件が起きる。初夏、ブーマーの嫁ことデブラ夫人が来日したのである。最強助っ人は、毎年決まって妻が来日すると大きく成績を落とした。炊事、洗濯、掃除、育児とすべてブーマーがこなさなければならないからだ。主夫兼主砲の二刀流。『週刊宝石』１９８９年９月７日号の「千円亭主育児地獄ブーマー・フィルダーの仰天恐妻度！」記事では、財布のヒモはがっちり奥さんに握られ、来日直後は値段の安いチキン料理ばかり注文する〝千円亭主〟ぶりをすっぱ抜き。年俸1億円を超えた今も、マクドナルドやケンタッキーフライドチキンで食事をすますこともしばしばで、ホームラン賞や監督賞、テレビ局の取材謝礼の一部を抜いて小遣いにしているという。案の定、6月にデブラ夫人が来日するとバットも湿りがちに。上田監督や福本コーチは「あれだけ家でこき使われたら打てるわけがない」なんて嘆いたが、8月現在、関西地区で12本塁打（52試合）、それ以外の球場では15本（39試合）と我が家から通うホームゲームより、遠征先の方が打撃成績も明らかに好調だった。雑誌『宝石』１９８９年7月号では「ブーマー家はデブラ夫人の力が特に強い。グラウンドで神経をすり減らしているのに、家に帰ってもゆっくりできないのでは、調子をおかしくするのは当然。おまけにベッドでは、もうひとつの〝バット〟も駆使しなければならない」と緊迫のポコチンリポートを掲載している。

光ＧＥＮＪＩが表紙を飾る『小学五年生』１９８９年9月号の「プロ野球ナイショ話。ここまで知ればオモロサ倍増！」特集でも、「怪力、ブーマーの弱点は見た」と「奥様の前では全く頭が上がらず、そうじ、洗たく、料理と全部やらせらている」なんて小五のキッズに向かって夢も希望もない結婚生活のリアルをレクチャー。練習後にストローでチューチュー水を飲む理由を「だって、一気に飲むと内臓に悪いでしょ」と隙あらば1秒も笑えないマスミギャグをガキどもの脳天に食らわす桑田真澄。あの頃のプロ野球は今よりずっとハードコアだった。

頼みのブーマーの急失速と先発投手陣の崩壊、対照的に西武は新助っ人デストラーデの途中加入、近鉄はブライアントの爆発で気が付けば三つ巴のV争いへ。8月12日には近鉄がついに首位奪還。しかし、オリックスもブルーサンダー打線が息を吹き返し、9月は勝率・647と食い下がる。そんな時にあの平成球史に残る珍プレーが勃発するわけだ。9月25日のダイエー戦、左翼席へ31号アーチを放ち、ご機嫌にホームインした門田は次打者のブーマーと恒例のハイタッチ。……のはずが直後に「イタタタ……」と右肩を押さえうずまくる背番号78。診断の結果は「右肩脱臼」。ルーキーの年、一塁へ頭から帰塁しての脱臼以来、ハワイへのV旅行でボートをこいだ時、1984年には同じくベンチ前のハイタッチでも負傷した古傷である。「油断しちゃったよ。チームには迷惑かけるし、ブーマーには悪いことした」と意気消沈する大ベテラン。だが、ここで「門田の分はオレがカバーする」と責任を感じたブーマーが2試合連続の初回弾でチームを牽引。唐突にスポーツ紙で「上田監督勇退、球団代表就任へ」と報じられ、「オレを辞めさせる気か！」なんて激怒して即否定のウエさんというドタバタ劇もありながら、9月30日、10月1日と敵地で首位・西武に連勝して0・5差に肉薄する。刹那の自力V消滅と復活を繰り返し、5日には西武が敗れたため残り9試合でマジック8点灯までこぎつける。

しかし、ここから驚異の粘りを見せたのが仰木近鉄だ。10月6日、3ゲーム差で追うオリックスに負けたらほぼ終戦という運命の一戦で、1対2とリードされた9回裏二死から同点に追いつき、最後はリベラのサヨナラアーチで再び近鉄特急が息を吹き返す。10月12日の首位西武とのダブルヘッダーでは、ブライアントが4連発の神がかった活躍で連勝して奪首成功。オリックスも同日のロッテ戦ダブルに10対2、14対2と爆勝。西武を蹴落とした1位近鉄と2位オリックスのデッドヒートはゲーム差なしながら、猛牛軍団にマジック2が点灯する。オリックスが残り2試合に連勝して、近鉄が2試合のうちひとつでも落とせばオリたちの優勝。10月13日のロッテ戦もブーマーと藤井康雄の一発でリードしたオリックスだったが、先発の佐藤義則が愛甲猛に左翼ポール際最前列へ飛び込む逆転3ランを浴びてジ・エンド。翌14日、大阪豊中市の自宅で報道陣に囲まれながら、近鉄対ダイエー戦をテレビで観た上田監督は「まあ、とうとうゴールがきたということやね。でも、ウチは13日のロッテ戦で終わってるから……。ホンマ残念や」とついに敗北宣言だ。空前の混パは近鉄が129試合目のダイエー戦に勝ち、9年ぶりのV。12球団1位のチーム打率・278、170本塁打を誇った新生ブレーブスは勝率1厘差、ゲーム差なしの2位で涙を飲んだ。

この年の日本シリーズは巨人が近鉄を相手に3連敗から4連勝の逆転日本一を達成するわけだが、オールスター戦では、前半終了時首位の巨人強力投手陣とオリックス野手陣の対決が日本シリーズ前哨戦と騒がれた。結果は門田、ブーマー、藤井の出張ブルーサンダー打線が斎藤、桑田、槙原の三本柱を滅多打ち。藤井は斎藤に、ブーマーは桑田に一発を浴びせた。もしオリックスが混パを制して日本シリーズに進出していたら、藤田巨人を一蹴していた可能性も高いのではないだろうか。9勝9セーブで新人王を獲得した酒井勉は、秋季練習中に「巨人なら、ボクたちでも勝ちますよ」と強気のシュート発言を残している。

もしブーマー夫人が来日を遅らせていたら、カドやんがハイタッチ脱臼していなかったら……そんな妄想をしたくなる、愛と幻想のブルーサンダー打線と「ブレーブス」の名は翌1990年限りで消滅。勇者魂を置きみやげに上田監督と門田がチームを去り、「オリックスブルーウェーブ」に生まれ変わると、1年後のドラフト会議で指名したひとりの無名の高校生の入団により、やがて新時代の扉が開く。

その選手とは、鈴木一朗。のちのイチロー

である――。

1989年の上田オリックス・ズンドコグラフ

年間推移&精神収支

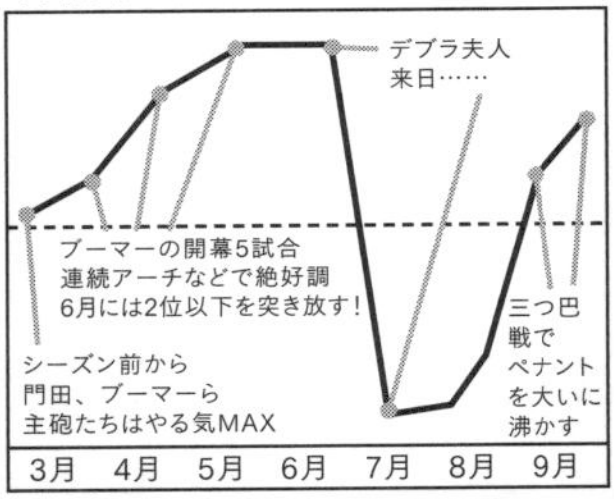
デプラ夫人
来日……
ブーマーの開幕5試合
連続アーチなどで絶好調
6月には2位以下を突き放す！
三つ巴
戦で
ペナント
を大いに
沸かす
シーズン前から
門田、ブーマーら
主砲たちはやる気MAX
3月 4月 5月 6月 7月 8月 9月

1989年パ・リーグシーズン最終成績

順位	球団	勝	敗	分	勝率	ゲーム差
1	近鉄	71	54	5	.568	ー
2	オリックス	72	55	3	.567	0.0
3	西武	69	53	8	.566	0.5
4	ダイエー	59	64	7	.480	11.0
5	日ハム	54	73	3	.425	18.0
6	ロッテ	48	74	8	.393	21.5

主人公は球団でも、上田監督でも、門田でもない。ブーマー夫人のデブラさん。まさに彼女こそが1989年の混パを生んだ立役者と言えるかもしれない。

1989年オリックスブレーブス主力メンバーと年間戦績

1989年上田オリックス・ベストオーダー

打順		選手名	試合	安	本	点	率
1	三	松永浩美	124	145	17	60	.309
2	二	福良淳一	115	102	8	47	.259
3	一	ブーマー	130	165	40	124	.322
4	DH	門田博光	116	124	33	93	.305
5	左	石嶺和彦	130	135	20	77	.277
6	右	藤井康雄	121	126	30	90	.292
7	中	本西厚博	120	85	5	33	.302
8	捕	中嶋聡	121	75	5	26	.234
9	遊	小川博文	115	85	5	32	.247

1989年上田オリックス・投手陣

選手名	登板	勝	敗	S	率
星野伸之	28	15	6	0	3.48
山中之彦	23	11	6	0	5.28
佐藤義則	28	9	13	0	5.00
酒井勉	36	9	7	9	3.61
ホフマン	19	9	6	0	3.45
今井雄太郎	28	5	5	2	4.24
山内嘉弘	39	4	1	12	3.24

全試合出場のブーマーは2度目の首位打者、3度目の打点王獲得。41歳の門田も3割30本をクリア。松永は最高出塁率。若手の藤井は30発の大台に到達した。先発陣は星野伸之が最高勝率も山沖や佐藤は防御率5点台。ドラ1酒井が新人王に輝いた。なお、ブーマーの年間34併殺の金字塔はプロ野球記録として今も破られていない。

1990年の田淵ダイエー編

お脚がよろしいようで。

１９８９年秋、田中美奈子はミニスカートと美脚で「学園祭の女王」と呼ばれ、東大五月祭では、W浅野（巨人の浅野翔吾ではなく浅野温子とゆう子）、今井美樹らを退けて〝恋人にしたい女性〟ナンバーワンに輝いた。当時の『週刊ポスト』では「美奈子チャンの〝美脚〟は、ミニ大好き女子大生で結成されている〝女子大生ミニミニ党〟から党首に選出された」と緊迫の現場リポートが掲載されている。

同じ頃、ホテル「セントラーザ博多」には、テレビカメラ8台と２００人以上の報道陣が集結した。ダイエーの中内㓛オーナー自ら出馬し、「カネは出すが口は出さん」と口説き落とし、契約金1億円、年俸７０００万円という破格の好条件で田淵幸一の監督招聘に成功したのだ。

「目指すは面白く楽しいアクション野球」

1990年（平成2年）ってどんな年？

B.B.クィーンズ「おどるポンポコリン」大ヒット。映画『バック・トゥ・ザ・フューチャーPART3』公開。ティラミスがブームに。中牧昭二著『さらば桑田真澄、さらばプロ野球』出版。任天堂スーパーファミコン発売。女性を車で送るだけの「アッシーくん」急増。フジテレビ月9ドラマ『キモチいい恋したい！』。

凄い、過去に就任会見でここまで一発でこりゃあダメだなと分かっちゃうキャッチフレーズがあっただろうか。「スーパーは閉店間際が勝負。野球も同じだと思う」って試合終盤の逆転勝ちが多い〝閉店間際のダイエー〟の継承を能天気に口にする43歳の青年監督タブチ君。ドラフト会議では、1巡目で野茂英雄の抽選を外すと、果敢に巨人を熱望していた甲子園のアイドル元木大介に1位指名で特攻する。「ボクは門前払いにあっても、元木君と直接会って話してみたいんだ。目と目を合わせてね」なんて燃えるも、まったく相手にされず（ついでに2位の金沢健一も右肩痛で満足に投げられず）、就任1年目からドラ1不在で戦うことを余儀なくされた。それでも、10カ月前の1989年1月に270人乗りのボーイング767をチャーターして、選手・関係者が福岡入りというド派手な演出から始まった新生ホークスは決してめげず、福岡移転1年目の平成元年シーズンは、南海時代から引き続き杉浦忠監督が指揮を執り、4位と健闘としていた。よかよか、まあなんとかなるばいダダーンボヨヨンボヨヨンとみんな明るくガバガバだったバブル好景気の落とし子、それが田淵ダイエーだった。

1990年春は見栄優先のハワイ・キャンプから、「1・2軍の入れ替えが活発にできるから」という理由で国内の沖縄に変更。雨対策にポーンと5000万円のエアテントを建設する大盤振る舞いを見せるも、前年33本塁打の助っ人アップショーが「ナンデ、ダイエーはハワイからオキナワにキャンプ地を変えたんだ！」なんて激怒。あんた家族連れでバカンスしたかっただけじゃねえか……と周囲は呆気にとられた。それでも田淵フィーバーは凄まじく、キャンプインからわずか2日間で芸能人や評論家との対談申し込みなどが22件も殺到。頼みの助っ人バナザードが左足ふくらはぎの肉離れで離脱するも、激励会で壇上の田淵監督は「実はウチの選手には独身でハンサムな選手がいっぱいいいます。独身女性の方で、ぜひ野球選手のお嫁さんになりたい方は私にひと声かけて下さい」と恋の仲人宣言。担当記者は「投手陣の不調で開幕投手のメドも立っていないのに、あんな気楽なことを言ってる場合かなあ」なんて驚いたが、その不安は的中して田淵ダイエーは1990年シーズンの開幕から凄まじい勢いで負けまくった。

開幕戦が雨で流れ、仕切り直しの9日は終盤に4点差をつけ乱打戦を制したかと思いきや、リリーフが5失点の逆転負け。そこから引き分けを挟む4連敗で開幕6試合目に西武からようやく初勝利。「5点差あれば、一応ホッとするけれど、4点差じゃあ危ないんだよ」と田淵監督も愚痴る投壊ぶりで、4月21日には中西邦之投手コーチの休養を発表。事実上の解任である。開幕から9試合消化したその時点で、チーム防御率6・24と毎日炎上状態だった。だが、このテコ入れ人事当日のオリックス戦で15失点、次のロッテ戦でも10失点とさらに事態は泥沼化。宿舎で午前3時までスタッフを集めてミーティングをやる努力も虚しく空回り。タブチ人気で平和台球場の客入りは上々で、「ワケが分からんお祭り野球」と報じられる中、4月は3勝12敗1分けと傷だらけの船出だ。

5月の9連敗中に、開幕から絶不調であまりの選球眼の悪さに動体視力の低下が囁かれたアップショーを二軍へ落とすが、5月15日には勝率.296で首位西武と12・5ゲーム差をつけられ最下位独走。翌16日の九州市長総会で「ダイエーの奮起を求める緊急決議」が採決される異常事態にも、17日のオリックス戦では4投手が毎回の13四球（毎回四球はプロ野球史上二度目）で3対16の大敗と地獄に堕ちた鷹軍団。屈辱の試合後には珍しく田淵監督も「殴られたら殴られっぱなしだから、どうしようもない。プロなんだからという目で選手を見てきたが、これからはこちらの見方を変えていく」と鬼のタブチ君宣言だ。

スター監督とズンドコ球団の迷走浪漫飛行。こうなるとメディアは容赦ない。『週刊ポスト』では「すべてナアナアまわりはイエスマンの仲良しクラブ田淵監督の組織を潰す管理術」特集。西武時代の元同僚、黒田正宏ヘッドや大田卓司打撃コーチを招聘するも「監督たちは何かにつけ、西武ならこうしていた、西武ならああはしないと、さかんにいうんです。みんないい加減、ウンザリしちゃってんです」なんて選手の不満を取り上げ、『週刊宝石』では「タブチ君に効くクスリはないのか!!」特集において、親友の作家・山口洋子が「もう、こうなったら負けて、

負けて、負け抜いてもいい」なんつってヤケクソのエール。「そりゃ今の成績は悔しいよ。でも、この2カ月間で膿は出し切った。開き直ったんだよ」とタブチ君本人もカラ元気で指揮を執る。

チーム防御率6点台というプロ野球史上最弱とも揶揄された投手陣をなんとか立て直そうと、巨人や盟友・星野仙一が監督を務める中日から複数の投手をトレード獲得。さらに逆襲の切り札として、6月末には大リーグ通算307セーブ右腕のリッチ・ゴセージを緊急来日させる。7月2日夜9時の入団発表には坂井保之球団代表も「知らなかったし、意見を聞かれたら反対していた」とのちに火種に。外国人枠を空けるためウィルソンを解雇、二軍落ちのアップショーも息子が福岡の野球チームに入るなど馴染んでいたが泣く泣く帰国。39歳の老ストッパーは春にもダイエーのテストを受けていたが、再びテスト投球を経ての加入となった。年俸4000万円、1勝、1セーブごとにボーナス支給。なお、ゴセージの投球を実際に見た選手は「まあ、普通のピッチャーじゃないスか」とあっさり塩対応。往年の剛速球は影を潜め、スラーブを駆使する軟投派に。ウォームアップもせずに投げ始め、肩のできる早さをアピール……と思ったら、スタミナに不安があるため一球でも少なくしたかっただけという元メジャーのセーブ王は、デビューの近鉄戦では2球投げただけでトレーバーに同点2ランを食らい、6試合連続の救援失敗。「ゴセージじゃなく、ソーセージだ」とわけの分からないヤジも飛び交う中、なんとか励まそうと田淵監督はゴセージと飲むが、酒量だけはいまだメジャー級の男に先に酔い潰されてしまう。コロラド州に広大な牧場を所有しており、契約の際に「オレの牧場の牛肉をダイエーに卸していいか？」なんてちゃっかり確認済み。来日前は「牧場でピッチングを続けていた」と万全ぶりを強調するが、ダイエーの球団フロントは「冗談じゃない。牛のフンでも投げてたんだろう」なんつってバッサリ。

「救世主は牛のウンコを投げていた男」

凄い、史上最低の恋愛ソングのようなパンチラインだ。冷静に考えたら、抑え投手よりも、そこまで繋ぐ先発や中継ぎがいないわけで、あまりの弱小チームぶりは意外にも日本では真摯に野球に取り組んだゴセージにとっても不運だった（わずか8セーブに終わり1年でダイエー退団後、しぶとく43歳まで現役を続けメジャー通算1000登板も達成）。

史上ワーストの勝率更新もあるのでは……と囁かれ出した初夏、7月21日の夏休み初日には平和台に2万6000人が詰めかけるも、オリックスのブルーサンダー打線に滅多打ちを食らい2対15の大敗。「ファンに申し訳ない。こんな試合では胸が痛むよ」と陽気な田淵監督もさすがに顔面蒼白。「話題が少ないから、今日は四番キャッチャー吉永、これで行こう！」なんて投げやり……じゃなくて若手を抜擢する采配も増えたかと思えば、一方でオリックスの大べテラン門田博光に対して「辞める？　いや、辞めさせんよ。辞めるぐらいなら、ウチに来いと言いたい」と熱烈ラブコール。すべてがチグハグのまま、なんとか月間5割で乗り切った8月の終わりにはゴセージが右肩痛を訴え登録抹消。バナザードも左わき腹痛で途中帰国（実際は田淵監督と衝突して解雇）。もはやチームは戦える状態にすらなく、10月6日には鵜木洋二球団社長が「前代未聞の不成績は、社長である私の責任」と引責辞任。田淵監督は「フロントのことは分からない」とノーコメントを貫いた。

規定打席到達は3人、規定投球回の投手はわずか2人の猫の目打線にその場しのぎの愛と幻想の継投策。10月13日の平和台での最終戦も先発・村田勝喜が近鉄打線にリーグタイ記録の1試合5本塁打を浴び、5対11で大敗を喫す。対オリックス戦は3勝22敗1分けと凄惨なボコられ方で、首位西武とは40ゲーム差、5位ロッテとも15ゲーム差をつけられる大惨敗だった。チーム防御率5・56は12球団ぶっちぎりの最下位。年間85敗は南海時代の77敗を大きく更新する球団ワースト。勝率.325は両リーグを通じて1971年の西鉄（勝率.311）以来のワースト記録という球史に残る負けっぷりである。

そして、ダイエーのズンドコぶりはストーブリーグでも止まらなかった。田淵監督は、各球団がトレードを交渉するセレクション会議に提出される極秘名簿の選手名を事前にマスコミにポロリ。このケーフェイ破りの機密漏洩に慌てた球団は、田淵監督の年俸10％カットの処分を発表。かと思えば、セ・リーグ最下位の阪神と異例の5対4という超大型トレードを決行。『週刊文春』には「最近の田淵は、もうメチャクチャです。スタッフ、選手の大粛清にしたって、トチ狂ったとしか思えません」という担当記者のタレコミが掲載された。『週刊ポスト』では坂井球団代表が「田淵クンは野球がわかってない」と内乱勃発。「スター選手を集めてきて、それで戦力アップになると思うのは、野球のシロウトです」なんて42歳の門田を獲得した件も斬り捨てた。そんなグダグダの中でも、ダイエーは福岡市に建設する日本初の開閉式ドーム球場「スポーツドーム」を総工費約500億円で発注済み。あの頃、なんにもないけど、明るさとカネだけはあった。面白く楽しいアクション好景気の象徴が、とどのつまり田淵ダイエーだったのだ。

これだけ絶望的なシーズンを送りながらも、タブチ効果で球団記録の134万人突破という観客動員数を叩き出すカオスは続くよどこまでも。意外にも大型トレードで阪神から来た池田親興や大野久は、翌1991年に福岡で復活を果たすわけだが、それはまた別の話だ。21世紀に最強ソフトバンク帝国を築き、ホークスが常勝軍団と呼ばれる少し前の黒歴史。福岡の地で、泥にまみれたのは世界の王だけじゃない。その屈辱のすべてをひとりで背負ったダイエーホークス黎明期のスター監督を忘れないでいたい。

がんばれ、タブチ君。ありがとう、タブチ君。

1990年ダイエーホークス主力メンバーと年間戦績

1990年田淵ダイエー・ベストオーダー

打順		選手名	試合	安	本	点	率
1	右	佐々木誠	130	141	14	52	.273
2	二	湯上谷宏	130	120	5	27	.265
3	中	岸川勝也	121	113	20	74	.258
4	DH	バナザード	75	76	13	40	.275
5	一	アップショー	51	42	6	17	.220
6	左	山本和範	70	68	6	25	.304
7	三	藤本博史	112	70	12	61	.211
8	捕	内田強	94	56	2	16	.250
9	遊	小川史	106	69	3	27	.251

1990年田淵ダイエー・投手陣

選手名	登板	勝	敗	S	率
村田勝喜	27	7	15	0	5.79
吉田豊彦	18	5	10	0	5.01
井上祐二	29	5	8	0	4.70
杉本正	16	3	7	0	4.94
本原正治	11	5	5	0	4.48
山内孝徳	39	7	7	5	6.11
ゴセージ	28	2	3	8	4.40

チーム打率.251、本塁打116、防御率5.56はすべてリーグ最低。前年はふたりで67本塁打の助っ人コンビも田淵監督とぶつかり途中帰国。投壊状態の中、巨人から100万円の格安金銭トレードで獲得した本原が、5勝中3勝を西武から挙げる"レオキラー"ぶりが話題に。

1990年の田淵ダイエー・ズンドコグラフ

年間推移&精神収支

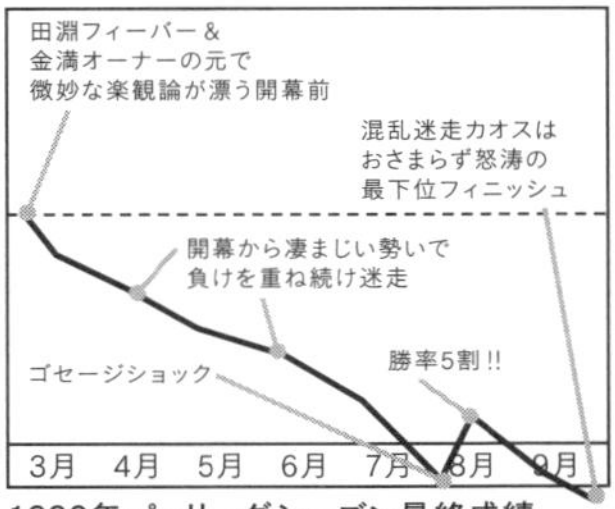
田淵フィーバー＆
金満オーナーの元で
微妙な楽観論が漂う開幕前
混乱迷走カオスは
おさまらず怒涛の
最下位フィニッシュ
開幕から凄まじい勢いで
負けを重ね続け迷走
ゴセージショック
勝率5割!!
3月
4月
5月
6月
7月
8月
9月

1990年パ・リーグシーズン最終成績

順位	球団	勝	敗	分	勝率	ゲーム差
1	西武	81	45	4	.643	—
2	オリックス	69	57	4	.548	12.0
3	近鉄	67	60	3	.528	14.5
4	日ハム	66	63	1	.512	16.5
5	ロッテ	57	71	2	.445	25.0
6	ダイエー	41	85	4	.325	40.0

良くも悪くもバブルのチャラ感漂う。しかし、ノリでなんとかならないのがプロの世界。ドラフトからストーブリーグまで一切のブレなく傾き倒す様は圧巻。ただ、成績と反比例する観客動員を見ると精神収支的にはプラスだったのかも。

1991年の金田ロッテ編

かつて、天下の美空ひばりから「兄ちゃん」と慕われたプロ野球選手がいた。

金田正一である。国鉄スワローズ時代は、「ワシが投げる」なんつって自ら勝手に投手交代を告げるなど「監督を監督していた」という伝説を持つ泣く子も黙る400勝投手。1969年に巨人で現役生活を終えると、1972年秋から39歳でロッテ監督に就任。青年指揮官は首都圏に本拠地を持たない（金田政権1年目は26試合を仙台で主催した）流浪のチームを率いて、1974年には毎日オリオンズ時代以来24年ぶりの日本一を勝ち取った。自らコーチャーズボックスに立ち、派手なアクションの〝カネやんダンス〟で球場を盛り上げ、当時は不人気だったパ・リーグの救世主的な存在に。一方で豪放磊落ガチマジセクハラキャラで知られ、1978年の監督退任後に連載開始された『週刊ポスト』の「カネやんの秘球くいこみインタビュー」は、もはや都市伝説化している。

1991年（平成3年）ってどんな年？

ドラマ『東京ラブストーリー』主題歌『ラブ・ストーリーは突然に』（小田和正）、『101回目のプロポーズ』主題歌『SAY YES』（CHAGE&ASKA）が200万枚超えの爆発的ヒット。大相撲の若貴ブーム。千代の富士引退。映画『ターミネーター2』。芝浦に「ジュリアナ東京」オープン。

第1回の山口百恵に始まり、アイドル、女優、女子アナまでゲストに呼び最初から最後までひたすら猥談をかます異端の連載。彼女たちに今日のお天気を聞く口調で「セックスは好きか？」と「カンチ、セックスしよ！」風に斬り込み、山本リンダには「これノーパンティと違うかね？」なんて「誠意ってなにかね？」的におもむろに問い質し、女優の三田佳子に「穴入れはゴルフで十分（笑）。佳子ちゃんなんかどう？」と人類史上最低レベルの質問を投げかける現代なら即アウト、いや当時でも巨人時代のドン川上哲治からマジで叱られたというクレイジーな内容で、さらに同誌では「カネやんの激写楽！」コーナーまで持って自らカメラを構え、ヌード撮影するフリーダムすぎて危険な香り漂う400勝投手であった。

そんなカネやんがバブル好景気真っ只中の1989年10月27日、12年ぶりにロッテ監督に復帰した。チームの編成や補強を全面的に担うだけでなく、球団取締役も兼ねる56歳の全権監督の誕生である。しかし、復帰1年目の1990年シーズンは、6月の西武戦でボーク判定に激昂して、「どこがボークや！」なんて審判に殴る蹴るの暴行を加え、罰金100万円と出場停止30日間という前代未聞の事件を起こし、チームは首位西武に25ゲーム差も離され5位に終わった。長年エースを務め、車のハンドルからドアの取っ手まで人さし指と中指で挟む狂気の日々で必殺フォークボールを身につけた村田兆治が10勝を挙げながら、「余力を残してマウンドを去るのがエースの美学」と引退。その穴を埋めるべく新エース候補として、秋のドラフトでは亜細亜大の小池秀郎を強行1位入札すると、史上最多タイの8球団の競合を引き当てる奇跡……のはずが、小池サイドから「ロッテ、阪神の2球団だけには絶対行きたくない」なんて秒殺。史上最高の契約金1億5000万円を用意して、「もし、ワシのことがイヤだというのなら、ワシが監督をやめても構わんから入ってほしい。この金田、球界のために身を引きます。本気だよ」と古巣の『週刊ポスト』誌上でラブコールを送るも、あっさり入団拒否されてしまう。

そして、迎えたカネやん逆襲の1991年シーズンは、球団も心機一転「ケチ、暗い、汚い」の3K球団と揶揄する声を吹き飛ばし、集客アップを狙い「テレビじゃ見れない川崎劇場」と4億6500万円かけてポスターやテレビCMを制作。老朽化の進んだ川崎球場も川崎市が14億円を投じて改修工事を敢行した。指揮官は成人式の挨拶に立ち「小池？　あんなものはどうでもいい。皆さん、絶対に小池の真似はするなよ」なんて声高々に叫び、キャンプについては「90年はチームのことが分からずにゆっくりやったが、91年は2月1日からビシビシやる。なんとしても、〝第二の小池〟を育ててみせる」とスパルタ宣言……って入団拒否の件、めちゃくちゃ根に持ってるよカネやん！

シーズンを通して活躍した選手には、昨年のサファイアに続き、ルビーの指輪をプレゼントする規格外の監督賞をぶち上げ、「どうや、高価な指輪やろ！　100万や200万の代物やないで」とバブルの不動産王のように笑うカネやんであった。3月のオープン戦で2試合連続の完封負けを喫すると「今日のインタビューはダルマ！　分からんか？　手も足も出ないってことや」と笑いを強制するカネやんギャグをかまし、ペナント開幕の西武戦で2対14の大敗を喫して、怪力助っ人ディアズが相手の伊原春樹コーチとヤジ合戦となり連盟から注意されると、「挑発するのが西武の手なんや。コーチとか非戦闘員がヤジったりしたら断じていかん！」と怒り心頭。その頼みの大砲ディアズが打撃不振に陥ると、「あいつはお山の大将や。ロッテの顔でもなんでもない。あいつの代わりに凄い外人を探しとる。デカい顔はさせん」と5月5日に一軍登録抹消。10日には球審のボール判定に激怒して、監督自ら「バカヤロー！」発言で日本最多の通算8度目の退場処分。厳重注意と制裁金5万円なんか屁みたいなもので、19日の近鉄戦でも乱闘騒ぎで「キャネダァァ！」なんつって突進する近鉄のトレーバーがコケた瞬間、カウンターでその顔面にカネやんキックを食らわせ、巨漢助っ人のオデコにはスパイクの痕がくっきりと残った。怒り狂ったトレーバーが襲撃に来るという噂も立ち、翌日は護身用の短いバットを持って球場入りする指揮官であった。

もはや親の顔ほど見た連盟からの厳重注意もどこ吹く風で、西武戦では清原和博に対して「頭、行け!」とベンチから公開ビーンボール指令。ついには原野和夫パ・リーグ会長が「ことと次第では永久追放もありうる」とコメントを出す始末。ロッテのキャッチャー福澤洋一は、ベンチのカネやんからの「顔に行かんかい!」という鬼指令に投手側を向いたまま、背後の球審に聞こえるよう「(監督は)退場でしょ、お願いですから退場にしてください!」と半泣きで訴えたことを当時のチームメイト愛甲猛は自著『球界の野良犬』で明かしている。

それでも春先の金田ロッテはしぶとく勝率5割ラインを維持して、4年目の打てるセカンド堀幸一の台頭もあった。5月20日には首位西武と7・5差の2位と健闘するも、チームは6月に3勝19敗と急失速。「駒がない。各球団ロッテに一人ずつ、ピッチャー出してくれないかなあ」とそれを言っちゃあお終いよ的な泣き言を漏らすカネやん。6月から7月前半にかけて二度の9連敗を喫して最下位に転落すると、「ロッテなんてもともと弱いチーム。建て直すのに5年はかかる」とか、「永野なんてピッチャーが一軍で投げてるんだから、ロッテも落ちぶれたもんや」なんつって球団や自チームの選手批判を繰り返すヤケっぱちの指揮官。ディアズは6月12日のオリックス戦で、慣れない捕手起用時のスローイングの際に右肘骨折の重傷で長期離脱へ。6000万円の豪華チームバス導入の効果なく、最下位を爆走するズンドコぶりに重光昭夫球団社長代行は、「ここまで下がるとは思わなかった。イメージCMですからね。要は、逆効果になる可能性も出てきたということです」と球団CM打ち切りを示唆した。川崎から千葉への移転承認は秒読み段階で、6月最後の西武3連戦に全敗したカネやんは力なく「(選手の)力が足りん。どうしようもない。手品でも使わん限り、勝てない」とグロッキー状態だ。

7月中旬には5位オリックスに10ゲーム差をつけられ、ロッテからオールスター戦に選ばれたのは小宮山悟と愛甲猛の2人のみ。愛甲は2戦連続の安打を放ち、小宮山は2試合ともにマウンドに上がり計4イニングで2安打無失点と爪痕を残したのがせめてもの救いだった。後半戦開始直後の7月31日には、オーナー会議で翌年からの千葉マリンスタジアムへの本拠地移転が正式承認される。直後には、解任報道のあったカネやんも、3年契約の3年目となる来季の監督留任が阿部利雄球団代表から発表された。ぶっちぎり最下位にもかかわらず、異例の真夏での続投発表に「なにか裏があるんじゃないか」と報道陣はザワつく。あの夏、武田鉄矢が「ぼくは死にましぇーん!」と絶叫したが、金田ロッテはすでに死んでいた。

9月1日の西武戦では、9連敗中の天敵に対して9回裏に代打・上川誠二のソロアーチで

6対6で追いつくと、前年首位打者の西村徳文がセカンドに向かう際、西武の奈良原浩と激突。ここで指揮官は、西村を出したり、引っ込めたり、なんと20分間も迷ってみせた。審判団の再三の勧告も空しく、結局4時間の規定時間を過ぎ、ドローゲームに。「西村のケガが心配や。まさしく痛み分けで終わったということや」と謎のコメントを残すカネやんだったが、のちに愛甲が自著で時間切れ引き分けを狙ったカネやんが審判に相談したら、「誰かケガ人を出せば、どうにかなるでしょう」とアドバイスされ、グラウンド上の選手（西村）をベンチに呼び戻し〝治療〟させ時間を稼いだとあっさりバラされちゃうのであった。

悲しいことに400勝投手が叱咤激励すればするほど、若い選手たちは引いてしまう。投手金田の現役時代にオールスター戦で会ったあるルーキーは、「カーブを教えてください」と緊張の面持ちで頭を下げるも、「教えてほしかったらゼニをもってこい、ゼニを……ワシらはプロやでぇ」と秒殺。なにが大投手や！　そんならオレはオレであんたなんかに教えてもらうかいな。いっそのこと投球術を盗んだると……心に誓いフグを死ぬほど食った元近鉄のビッグワンこと鈴木啓示のような「投げたらアカン！」的なハングリーな昭和風情の若者は、もはや平成ニッポンのどこにもいなかったのだ。

9月6日、遠征先の釧路で養護施設を訪問したカネやんは、子どもたちからの質問コーナーで、「何、なんでロッテの監督なったって？　ロッテの監督なんか、やる人いないからや」と息を吐くように暴言。15日、川崎でのオリックス戦に1点差で競り負けると「何、敬老の日？じゃ、早くケーロ（帰ろう）」とこの頃になると確実に滑るカネやん語録の暴走も止まらない。9月23日、川崎球場ではFMWの大仁田厚がターザン後藤とノーロープ有刺鉄線金網電流爆破マッチを敢行。ロッテの若手選手たちも観戦に駆け付け、「3万人以上入ってましたねえ。野球じゃ珍しいのに……」と自虐ギャグでファイヤーだ。ついでに米国治療中のディアズは、「耳がかゆいから飛行機に乗れない」と保育園児のような言い訳をかまして来日延期である。

10月17日のダイエーとのダブルヘッダーが川崎球場の最終試合。外野席の無料開放サービスもあり、雨中で25000人もの観衆を集め、前年比29・9％の観客増で初の100万人突破と24歳の平井光親の首位打者獲得がせめてもの意地だった。サヨナラ川崎球場の挨拶に立ったカネやんは、「私の野球人生の中で、これほど胸に感極まったことはありません」と男泣きだ。

第二次金田政権の2年目は終わってみれば、48勝77敗5分、勝率・384で首位西武と33・5ゲーム差というぶっちぎりの最下位に沈んだ。黄金時代を迎えていたレオ軍団には4勝21敗1分と一方的にボコられて、6月8日以降は6位から浮上することなく、89本塁打はリーグワーストと、1986年オフの三冠王・落合博満の放出以来の課題でもある慢性的なパワー不足に泣いた。

11月5日、カネやんは西新宿のロッテ本社にシーズン終了のオーナー報告へ。続投は既定路線と思いきや、報道陣が5階の記者会見室へ向かうと300人もの女子社員が業務命令で集結しており、理由を聞くと「監督さんが辞めるんでしょ。もう花束も用意しているわ」なんてポロリ。球団に先駆けて、自社OLが殿堂入り監督のクビを発表してしまう異例のズンドコ解任劇となった。

その直後に『週刊ポスト』で、「解任」という表現は屈辱的だと怒り、「次の監督はワシが見つける」と相変わらずのカネやん節。その一方で、打っても響かない若手とのジェネレーションギャップに悩む本音もチラ見せ。「自分の子供だと思って手塩にかけ、ロッテの金を使って1日4食食べさせ、タバコは吸うな、酒に気をつけろ、女は敵だと、ありとあらゆることを強制し、叱りとばしてやってきた」とグチるが、今にして思えば、現役時代から食事に気を遣い、タバコを絶ち酒も控え節制に努めたカネやん特有のその現代のアスリート的な価値観は、まだ昭和が色濃く残る平成初期の選手には早すぎたとも言えるだろう。皮肉にも、ある部分ではカネやんじゃなく、若い選手たちの方が古かったのである。

「しかし、時の流れの変化を感じたよ。自分だけが化石になったような、とり残された感じ。世の中変わった、というか、ワシのような男の出番は終わったという感じよ」（週刊ポスト1991年11月2日号）

当初は「千葉ロッテオリオンズ」で移転のはずが、チーム名を公募して新名称「マリーンズ」に決定。ユニフォームも大きく変更することとなった。いわば川崎色の一掃だ。

「ロッテのユニフォームはワシがデザインした。それも変わるし、ワシが決定した川崎球場ももう終わった。この間、川崎最後のあいさつをした時、これがしお時やなと思ったんや」（週刊ベースボール1991年11月25日号）

そんな400勝投手の珍しくシリアスなコメントかと思いきや、「遠征先のホテルで、まず気を付けなきゃいかんのはスリッパや。誰も何もいわんか？　水虫でもうつされたらエライこっちゃ」とやっぱり悲壮感なく謎の教訓をファンに言い残すカネやんであった。

落合博満、有藤通世、村田兆治、そして金田正一――。川崎球場を象徴するビッグネームが全員チームを去り、同時にロッテオリオンズの歴史も幕を閉じた。

なお、カネやんの辞任が正式発表された1991年11月13日。一冊の写真集が発売され日本中の老若男女が書店へ走った。18歳のスーパーアイドル宮沢りえのヌード写真集『サンタフェ』である。そして、人々は早すぎた革命「カネヤンの秘球くいこみインタビュー」のように、こう囁きあったのだ。

「りえちゃん、これノーパンティと違うかね？」と。

1991年ロッテオリオンズ主力メンバーと年間戦績

1991年金田ロッテ・ベストオーダー

打順		選手名	試合	安	本	点	率
1	中	西村 徳文	118	122	2	17	.275
2	右	横田 真之	103	71	4	17	.284
3	一	愛甲 猛	130	134	8	59	.271
4	DH	ディアズ	42	33	10	23	.237
5	二	堀 幸一	110	108	20	69	.284
6	左	平井 光親	110	111	4	34	.314
7	三	初芝 清	87	67	5	35	.254
8	捕	福澤 洋一	70	28	1	7	.243
9	遊	南渕 時高	104	53	3	24	.248

1991年金田ロッテ・投手陣

選手名	登板	勝	敗	S	率
小宮山 悟	29	10	16	0	3.95
前田 幸長	30	8	11	2	3.86
園川 一美	31	5	11	1	3.78
荘 勝雄	29	5	8	2	4.24
伊良部 秀輝	24	3	8	0	6.88
平沼 定晴	40	4	6	1	3.47
白武 佳久	37	1	6	8	4.59

前年33発の愛称“ランボー”ことディアズの負傷離脱が響き、4年目の堀幸一の20本塁打がチーム最多。3年目の平井光親が初の首位打者獲得。投手陣は村田引退と小池入団拒否が痛く、10勝以上は小宮山悟の最終戦でニケタ到達のみ。130試合で7人の捕手を起用、最多スタメンは福澤の47試合と正捕手不在にも泣いた。

1991年の金田ロッテ・ズンドコグラフ

年間推移&精神収支

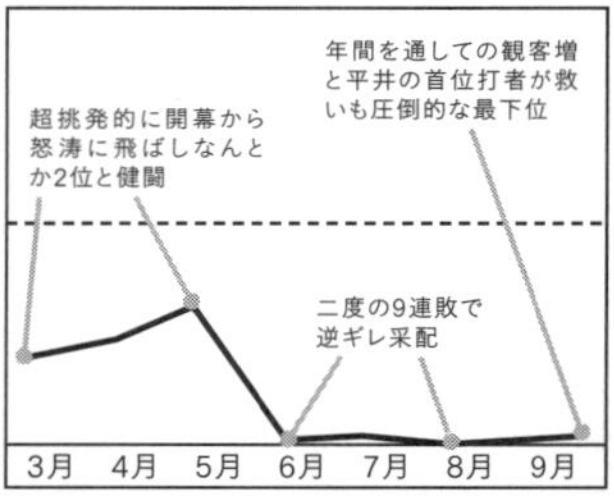
年間を通しての観客増と平井の首位打者が救いも圧倒的な最下位
超挑発的に開幕から怒涛に飛ばしなんとか2位と健闘
二度の9連敗で逆ギレ采配
3月
4月
5月
6月
7月
8月
9月

1991年パ・リーグシーズン最終成績

順位	球団	勝	敗	分	勝率	ゲーム差
1	西武	81	43	6	.653	−
2	近鉄	77	48	5	.616	4.5
3	オリックス	64	63	3	.504	18.5
4	日ハム	53	72	5	.424	28.5
5	ダイエー	53	73	4	.421	29.0
6	ロッテ	48	77	5	.384	33.5

開幕直後はなんとかなっていたものの夏前からシーズン終了までどうしようもない、手の施しようのない状態に。監督が各方面に放つ圧倒的豪快さがまったく良い方向に作用しなかった。

1992年の土橋日本ハム編

大相撲〝どすこい〟シリーズ、若貴人気にがぶり寄り!!

「L.L BROTHERS ダンス甲子園ニューヨーク大会」を特集する雑誌『エルティーン』1991年11月号の表紙には、若貴フィーバーに思いっきり便乗した見出しが躍っている。この平成3年の春場所、東前頭13枚目の貴花田は破竹の11連勝で、12日目の小錦戦は怒涛の瞬間テレビ視聴率52・8%を記録。五月場所の初日には、大横綱・千代の富士を寄り切り、18歳9カ月の史上最年少金星を挙げた。九月場所でも、お兄ちゃんの若花田が旭富士から初金星。「親父は相撲好きでね。身体も大きかったし、とにかく強かった。だから、ボクも物心ついた時から大の相撲ファン。うん、あのまま行けば力士になっていたかもしれん。いや冗談じゃなくて」なんて唐突に謎の体力自慢をかます元近鉄のビッグワンこと鈴木啓示……は置いとい

1992年（平成4年）ってどんな年？

SFCソフト『ストリートファイターII』発売。ドラマ『ずっとあなたが好きだった』冬彦さん現象。映画『氷の微笑』ヒット。尾崎豊死去。サッカーアジア杯で日本代表初優勝（MVPはキングカズ）。貴花田と宮沢りえが婚約。細川ふみえデビューCD『スキスキスー』。

て、未曾有の大相撲ブームは、若貴兄弟がオールスター戦の始球式を務めたプロ野球にも直撃する。

1991年秋に日本ハムの新監督に就任した土橋正幸は、「元気、ヤル気、負けん気」を合い言葉に平成球界に宣戦布告。「相撲の世界は、日常生活から実力主義。いまのプロ野球の選手は恵まれ過ぎで、甘えにつながっている」と3年連続Bクラスのチームに喝を入れ、コーチや若手選手を玉ノ井部屋の稽古場見学へ派遣した。秋季キャンプではベンチと守備位置の往復は高校野球並みの全力疾走を義務づけ、練習の最後に全員で相撲のシコ踏みを取り入れた。みんなでシコふんじゃった……っていきなり香ばしいズンドコ臭を漂わせつつ、土橋日本ハムは船出する。

当時、東京ドームを本拠地にしていた日本ハムファイターズを率いる江戸っ子監督は、浅草生まれの浅草育ち、悪そうなヤツはだいたい友達。実家の魚屋を手伝いながら、浅草フランス座の草野球チームで投げ、21歳のとき「面白そうだな」と長靴を履いたまま東映フライヤーズの入団テストへ向かう異端の野球人生を歩んだ。真横に曲がる魔球スライダーを武器に20勝以上を5度、1961年には30勝を挙げ、1962年の球団初の日本一にはエースとして貢献。無類の喧嘩の強さでも知られた駒沢の暴れん坊右腕は、あの張本勲が死にたいくらいに憧れた

〝土橋の兄（あん）ちゃん〟でもある。

１９８６年のヤクルト監督以来、６年ぶりの現場復帰。56歳になっても昭和仕込みのストロングスタイルを崩さず、１９９２年正月明けのコーチ会議で「闘志なき者に勝利なし」と吼え、「あれは見てても、みっともない。たいしたことなければ使わせない」なんて死球時の痛み止めコールドスプレーの使用をバッサリ。戦う集団への意識改革は順調かと思いきや、鴨川キャンプ初日に大雪に見舞われ、翌2日は震度5の地震。沖縄に移動しての二次キャンプも、瞬間最大20メートルの嵐でエアテントが破壊される哀しみのアクシデントラッシュ。出だしから悪い予感しかしない新シーズン、3月1日のオリックスとのオープン戦で初勝利を挙げ、「負けるよりはいいだろう」と上機嫌だった土橋監督だが、13日のダイエー戦で完封負けを喫すると怒りを露わにベンチから飛び出し、バスに乗り込もうとするも25年ぶりの平和台球場で出口を間違え、「誰も教えてくれないものな」とマジ絶望。選手会長の白井一幸が故障離脱するさらなる逆風の中、開幕戦でベテラン柴田保光が王者西武相手に意地の完投勝利を飾り、ウイニングボールを差し出された土橋監督は「いいのか？　記念にもらっとくよ。家に大切にしまっておく」なんて大喜び。問題児と噂されていた大リーグ通算１４８本塁打の新助っ人マーシャルも工藤公康から初打席初アーチと結果を残し、上々のスタートを切ったチームは４月18日のウインタースのサヨナラ弾から4連勝を飾り、6年ぶりの単独首位に立つ。若手も積極的に起用し、ルーキーの片岡篤史をスタメン三塁に固定。4年目の鈴木慶裕は4月終了時に打率.455と大ブレイクを果たす。「組織に負けないというか、縛られないところが格好いいですよ。あの生きざまにはあこがれちゃいますよね」と尊敬するスポーツマンに前田日明の名前をあげる格闘プロレス大好きの東京生まれのトップバッターは、まさに土橋暴れん坊野球の申し子。イチロー登場前のパ・リーグで、噂の鈴木と言えば〝ハムのヨシヒロ〟だった。

4月30日には、土橋監督の元同僚で盟友・大杉勝男氏が亡くなり、翌日のミーティングで「皆の中で大杉と一緒にプレーしたものはいないだろう。でも球界であれだけの成績を残した先輩だ。冥福を祈ってやってくれ」と弔いの言葉を送ると、試合にも逆転勝ち。「勝ってよかったよ。本当に良かった」と安心したように笑う人情派ボスがいた。しかし、5月になると開幕以降は勝ち星から見放されていた柴田にピッチャーライナーが直撃して、右ヒザ打撲挫傷で戦線離脱。メジャー時代のあだ名は〝腐ったリンゴ〟というマーシャルも、弱点の外へ逃げるカーブやスライダーに対応できず、打撃不振と腰痛悪化で二軍落ち。完全に日本球界を見下しており、オレに何も言うな的なその態度に腹を立てた土橋監督と衝突。「試合に出ろ」「ノー、腰が痛いから無理」なんて不毛なやりとりを繰り返し、ボスとの会談も無断欠席して両者の関係は修復不能に。不貞腐れた大物助っ人は単年2億円近い2年契約の年俸が満額欲しいため、自分から辞めるとは言わず完全に日米を股にかけた腐ったアップル化してしまう。

大型連休明けに5連敗で5位転落も、「連敗したといってもまだ借金2だろう。まだまだ取り戻せる」と前を向いた土橋のオヤジは5月の月間MVPを受賞する金石昭人をローテの軸に据え、故障者続出の緊急事態にも「日本ハムイタイターズだよ」なんつって1秒も笑えないドバシギャグでやり過ごし、6・7月に勝ち越して、勝率5割前後で踏ん張り3位を死守。日本でファミコンにハマり打席での集中力が増した〝踊るホームランキング〟ことウインタースは、左太ももの故障から復帰後は打ちまくり、「ドバシさんが怒るからネ」とビビりながらも、連敗中のチームを元気づけようとチアガールにまじりカツラをかぶりボンボンを持ってダンスを披露。監督交代前の前年は借金19の4位だったことを思えば、大健闘とも言っていい戦いぶりである。骨太の大スターはいないけど繋がりのいい〝ボンレスハム打線〟は、7月16日から8月5日にかけてパ・リーグタイ記録に並ぶ10試合連続の二ケタ安打を記録。7月末に2位近鉄と3・5ゲーム差に迫り、8月5日には再び勝率5割に復帰してみせる。しかし、快進撃はここまでだった。直後の7日から泥沼の7連敗。さらに夏場にチームを揺るがす大事件が起きる。

大阪遠征中に故障明けのトレンディエース西崎幸広が、宿泊先で枕元に白い着物姿で白い玉を手に持つ女性を目撃。それはローションを持ったデリヘル嬢的な……じゃなくて、ニヤニヤ笑う不気味なゴーストの姿にパニックになった西崎は土橋監督の部屋のドアを叩き「監督！お化けだ！起きて！」なんつって絶叫。このただならぬ雰囲気に他の選手まで集まる大騒ぎとなり、『週刊宝石』1992年9月10日号の緊迫の現場リポートによると、遠征から帰ってきても幽霊を思い出して寝つかれず、夜通し麻雀をしたり、明け方までカラオケをする選手たち。これじゃあいかんと頭を抱えた土橋監督は「幽霊の可愛いオネーチャンにまで愛されるなら本望じゃないか。お前らも恐怖映画でも観て、精神を鍛えなさい」なんて投げやりアドバイス。それを受けて日ハムナインは、全員で映画『エイリアン3』を観に行く計画を立てた。

ちなみに移動中の新幹線や飛行機の中では、皆ゲームボーイに熱中。そんな中学生の林間学校のようなロングバケーションムードのチームは、9月3日に4位転落。なんとか緊張感を取り戻そうと、10日の平和台球場で判定に激高した土橋監督が審判の胸ぐらを掴み、ヒザ蹴りを浴びせ退場処分を食らう。「なんつうのかな。ウチの選手は。何とかしようという闘志がない」と指揮官のファイトも虚しく空回り。13日には5位とジリジリ順位を落とすと、完全に息切れ状態で9月下旬から1分けを挟む9連敗を喫し、ジ・エンド。8月以降は14勝33敗1分けと急失速の閉幕だ。54勝73敗3分けで借金19。V3を達成した西武とは26ゲーム差をつけられ、6位ロッテとわずか0・5ゲーム差の限りなく最下位に近い5位に終わった土橋ハム。翌シーズンから次期監督として現場復帰する球団常務の大沢啓二は、自著『球道無頼』の中で禁断のベンチ裏話を明かしている。1992年シーズン終盤のある日、千葉マリンスタジアムのダグアウトで、選手同士のこんな会話が聞こえてきたという。

「あ〜あ、やだやだ」

「まだ143試合もあるのかよ」

当時はまだ年間130試合制。大沢は一瞬なにを言っているのか分からなかったが、二年契約の土橋政権が今季の残り13試合と、来季全試合を合わせて計143試合という意味だと理解する。そこで選手や裏方にまでチーム事情を聞いて回ったが、「もう、だめなんです。土橋監督と選手たちとの関係は修復不可能なぐらいこじれちゃってるんです」なんてタレコミがあるほど組織は壊滅状態だった。「ケガ人や故障者がたくさん出るこのチームの体質を変えないとなあ。本当にチームを大改革するくらいのつもりでトレードをしていかないとさ」と来季への構想も語っていた土橋監督だったが、一部マスコミに現場復帰を狙っていると報じられた大沢常務やフロントとの関係も冷えきり、最終的に2年契約を1年残して辞任することになる。

「現場の責任者としてユニホームを脱ぐことにしました」と憮然たる表情で10月19日に辞意を表明。前しか見えない自分のブレーキ役を託した高木公男ヘッドコーチもほとんど機能せず、残念ながら若い世代に土橋の根性論は受け入れられなかった。昔はともに戦う〝熱血兄貴分〟だったのが、選手と年が離れるとただの〝怖い頑固親父〟になってしまう昼間のパパのリアル。雑誌『婦人倶楽部』の「うちのパパとママのプライバシー」という有名人を親に持つ子どもたちが両親の秘密をバラす危険な企画において、「ママがおフロに入るときなんか、パパはママの裸をジロジロ見にいくよ。二階の物干しから、ママのおフロをのぞくんだ」なんて恥ずかしすぎる私生活を暴露される元近鉄のビッグワンこと鈴木啓示……は置いといて、土橋のオヤジはチームで孤立していたのだ。

シビアな見方をすれば、昭和の江戸っ子に平成球界の水は合わなかった。土橋がわずか1年で日本ハムを去った翌年オフ、ＦＡ制度と逆指名ドラフトが導入され、名実ともに仁義なきビジネスライクな新時代のプロ野球が始まることになる。

２０１３年夏に土橋は77歳で亡くなり、張本勲は自身の連載コラムで、男として憧れ、惚れた5歳年上の土橋正幸の生き様をこんな風に回想している。

「私は兄ちゃんのことが大好きだったが、監督には決して向いていなかったように思う。ちゃきちゃきの江戸っ子で気質が真っすぐ。正直で駆け引きができず、うまく立ち回れない人だったから」(週刊ベースボール2020年6月8日号)

1992年日本ハムファイターズ主力メンバーと年間戦績

1992年土橋日本ハム・ベストオーダー

打順		選手名	試合	安	本	点	率
1	中	鈴木 慶裕	120	122	6	34	.284
2	遊	森 範行	94	62	2	15	.302
3	一	中島 輝士	115	128	13	66	.290
4	DH	ウインタース	120	100	35	79	.282
5	左	五十嵐 信一	103	88	2	37	.292
6	右	マーシャル	67	60	9	26	.246
7	三	片岡 篤史	125	125	10	53	.290
8	捕	田村 藤夫	116	84	9	35	.243
9	二	白井 一幸	128	88	4	30	.215

1992年土橋日本ハム・投手陣

選手名	登板	勝	敗	S	率
金石 昭人	28	14	12	0	3.77
西崎 幸広	21	6	10	0	4.08
柴田 保光	26	6	12	0	3.16
武田 一浩	22	4	9	0	3.87
酒井 光次郎	26	4	9	0	4.34
河野 博文	28	4	4	0	4.94
白井 康勝	43	9	3	10	3.49

金石が自己最多の14勝。ウインタースの35発はデストラーデ、清原の西武勢に次いでパ3位。“テルシー”こと中島と新人の片岡が打率ベストテン入り。42歳の大島康徳が史上13人目の通算1000四死球。なお、前年Gグラブ賞の田中幸雄は肩の故障で1試合の出場のみ。

1992年の土橋日ハム・ズンドコグラフ

年間推移&精神収支

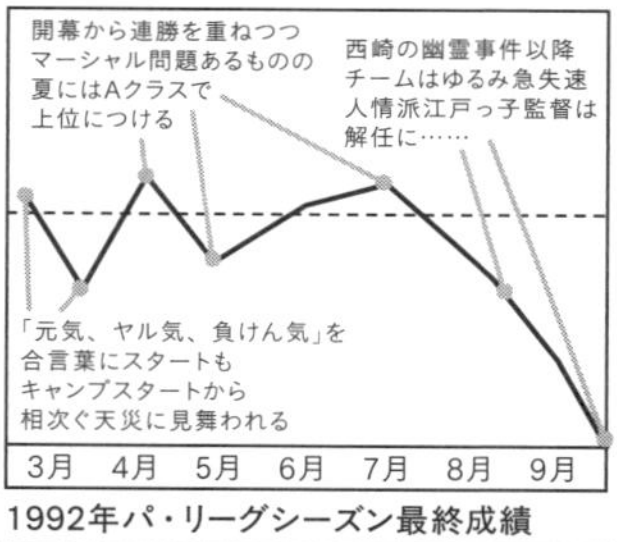
開幕から連勝を重ねつつ
マーシャル問題あるものの
夏にはAクラスで
上位につける
西崎の幽霊事件以降
チームはゆるみ急失速
人情派江戸っ子監督は
解任に……
「元気、ヤル気、負けん気」を
合言葉にスタートも
キャンプスタートから
相次ぐ天災に見舞われる
3月
4月
5月
6月
7月
8月
9月

1992年パ・リーグシーズン最終成績

順位	球団	勝	敗	分	勝率	ゲーム差
1	西武	80	47	3	.630	—
2	近鉄	74	50	6	.597	4.5
3	オリックス	61	64	5	.488	18.0
4	ダイエー	57	72	1	.442	24.0
5	日ハム	54	73	3	.425	26.0
6	千葉ロッテ	54	74	2	.422	26.5

やる気と気合いでなんとかしてしまう昭和原理主義の暴れん坊野球を掲げたわりには若手の積極起用などで前半は善戦。夏場以降選手たちが息切れしたのか。昭和から平成への野球が変化していく過渡期にあった貴重な時期だったのかもしれない。

1994年の鈴木近鉄編

「ま、みててください。今年、それから昭和60年代は、オレの年になりますから」

1985年の名古屋場所で二横綱、三大関を総ナメした恐るべき逸材、北尾光司は雑誌『現代』のインタビューで高々にそう宣言した。浴衣着て、マゲ結って、手には黒いアタッシュケースを持って歩く新人類力士。「これがイマいんスよ。中身？　だいたいカセットとか、札入れ、雑誌くらい、たいしたものは入ってないんだけど、カッコいいでしょ。ビジネスマンみたいで……ハ、ハ」って清々しいほどのハリボテ感は、直後に押し寄せる未曾有のバブル好景気を象徴していた。地元・三重の近鉄電車では津市出身の北尾の勝ち越しを祝い、二両連結の臨時列車「北尾号」を120人のファンと北尾を乗せて走らせた。スポーツ選手では、近鉄バファローズの鈴木啓示の300勝記念「草魂号」に次ぐ近鉄事業部の目玉企画だ。

そんな近鉄グループが誇る通算317勝左腕の座右の銘は〝草魂〟。背番号1はパ・リーグ

1994年（平成6年）ってどんな年？

ビートたけしがバイク事故。マイケル・ジョーダンが野球転向（ホワイトソックス傘下2Aでプレー）。プレステ発売。長嶋巨人が初の日本一。F1のアイルトン・セナ事故死。ドラマ『家なき子』の「同情するならカネをくれ！」が流行語大賞。タランティーノ監督『パルプ・フィクション』ヒット。

初の永久欠番となり、年上のコーチすら「鈴木さん」と呼ぶ〝ビッグワン〟である。現役晩年は自分でローテーションの登板日を決め、下位チームや地元関西での球場を好んで投げた。『週刊宝石』では「最近のピッチャーは、ラクしていい生活しようと思うとる。ワシとはタイプが違うんや」と若手に説教しつつ、自身はサイパンキャンプを拒否して国内マイペース調整中。「最近は、みんなきれいに辞めすぎるで。もっと泥まみれになっても、ユニホームに執着をもってもええんやないか」なんて宣言した直後の1985年シーズン途中にあっさり電撃引退。すぐさま球団から3000万円の功労金をもらい、ペナント中にもかかわらず約3週間の米大リーグ見学旅行に旅立った。「草魂の魂が抜けて、ワシはただの草になってしもうた」って名言ぽくまとめてるけど、もうむちゃくちゃだよビッグワン！

ちなみに「わしは雑草や。踏まれて傷だらけになっても当たり前や。けど見てみい、雑草はコンクリートを割ってでも伸びてきよる。中・高生諸君、雑草になろやないか。投げたらあかんのや」と語るCM中の「投げたらアカン」で流行語大賞の1985年大衆賞も受賞している(現役生活はあっさり投げたのに)。引退後の投手コーチの誘いには「ワシはコーチの器やない」と秒殺。そんな偉大なる鈴木啓示が「機は熟した！」とついに監督として古巣帰還を果たしたのが、引退から7年後の1992年オフのことだった。

さっそくドラフト会議では事前に予定していた選手ではなく、「ワシが育てる」とサウスポーの小池秀郎を強引に指名。栄光の1番ではなく背番号70の戦闘服（本人談）を身にまとい、45歳の大物新人監督1年目は1分けを挟んで開幕4連勝という絶好のスタートを切るも、藤井栄治ヘッドコーチが開幕からわずか10日間、6試合で怒りの退団。当時主力の金村義明の著書によると「やってられへんのや。金返してやめる」と藤井は言い残して去ったという。結局、チームは1987年以来のBクラスとなる4位に終わり、自由契約になった元ローテ投手の小野和義が「鈴木監督を見返したい」とあえて同リーグの西武へ移籍するなど不協和音の乱れ撃ち。シーズン終了報告に来た鈴木監督に対して、上山善紀オーナーは「私はグチは一切、聞きませんでした」と厳しい表情を崩さず。これにはビッグワンも「来年は黙って勝負」と雪辱に燃えた。いわば、鈴木近鉄の背水にして勝負の2年目が1994年シーズンだったのである。

しかし、キャンプ中から私語の禁止、返事の確認、アップのランニングからスパイク着用を要請と監督の気合いが間違った方向に暴走する中、チームは大きな火種を抱えていた。新人の年から4年連続最多勝の絶対的エース野茂英雄と鈴木監督の仲はもはや修復不可能な状況だったのだ。年明け、野茂は静岡県の御前崎海岸での自主トレにひとりの男を同行させていた。立花龍司である。立花は昨季まで近鉄のコンディショニングコーチを務めたが、科学的トレーニングを否定する鈴木監督は「とにかく走れ、文句があるなら実績を残せ」の根性論一点張りで犬猿の仲に。直属のボスとぶつかった立花はチームを追われたわけだが、なんと野茂はその立花元コーチと個人契約を結んで自主トレに連れていく。昨夏、「今のまま野茂が勝ち続けられるほどプロは甘くない。そのうちダメになる。兆候は見えとるで。太りすぎやし、走り込み不足」となぜか自軍のエースをディスる鈴木監督に不信感を抱いた野茂本人が、監督室を尋ね話し合いを持ったこともあったが、爆発寸前の冷戦状態に突入。そして、その危険な関係はいきなり1994年の開幕戦で露呈してしまう。

開幕の4月9日、敵地の西武戦で8回終了時までノーヒットの快投を見せた野茂は、9回裏の先頭打者・清原和博に初ヒットを許し、四球や味方エラーで一死満塁のピンチを招く。大記録は逃したが、それでも3点リードしていてまだ完封がある。鈴木監督も開幕前日に「今年は野茂と心中や」と宣言したばかりで、さあここからが勝負や……と思ったら、ビッグワンはあっさり「ピッチャー赤堀」をコール。すると、唐突にマウンドに送られたクローザー赤堀元之は、伊東勤に悪夢の逆転サヨナラ満塁アーチを浴びるのである。「ベンチは最善を尽くしたと思う」とガッカリするボスに、9回裏の交代について一切コメントを拒否した傷心のトルネード。ちなみに鈴木啓示の著書タイトルは、『男の人生にリリーフはない』ってもはやブーメランギャグだよ!

追い打ちをかけるように前年、本塁打と打点の二冠王ブライアントが5月10日から病気の夫人の見舞いのため帰国。最下位争いをするチームにおいて、頼みの主砲が1カ月近く戦線離脱してしまう。西田ひかるがテレビ局社員、舘ひろしがニュースキャスターを務める元プロ野球のエースを演ずるも視聴率は伸び悩んだフジテレビ月9ドラマ『上を向いて歩こう!』と同じく、鈴木近鉄も下位に低迷。

『週刊ポスト』1994年5月20日号「早や過熱!監督「休養」レースの本命・鈴木、対抗・中村、大穴は野村!?」によると、左投手を次々に二軍に落としたり采配もガバガバで、選手たちは「もう少しの辛抱だ」と鈴木監督の休養を心持ちにしていたという。元エース左腕の阿波野秀幸は完全に干され移籍志願も、球団幹部から「あと半年もしたら(鈴木監督は)クビになるからそれまで待て」と引き留められる始末。選手がトレーナー室へマッサージを受けに行くと、いつも監督が先にいて、やがてビッグワン専属のマッサージ室と化し選手たちの足は次第に遠のいた。もちろんファンの足も藤井寺球場から遠のき、1試合平均16000人の観客動員は12球団ワースト。もはや組織は空中分解して、6月1日の西武戦ではボスもストレスが溜まったのか、ハーフスイングの判定を巡り、一塁塁審につかみかかり猛抗議をかましたあげく、「俺はルールブックよりも正しい」とやけっぱちのコメントを残し退場処分だ。風邪と持病の気管支ぜんそくの治療のためチームを離れると、すかさず6月7日のスポーツ紙一面には「鈴木解任」の見出し。ただ泣きたくなるの（byミポリン）なんて嘆く中、翌8日にようやくブライアントが復帰も、直後のオリックス3連戦に全敗して勝率・358の最下位一直線。「草魂が草野球になった」なんてマスコミからディスられる現状に、上山オーナーも「鈴木監督の進退は8月がメド」と最後通告とも取れるコメントを残した。

借金15で最下位、首位西武とは16ゲーム差の死に体。6月18日には、その悲惨な状況に上山オーナーも「奇跡を起こせ」とヤケクソのエール。しかし、だ。直後に7連勝、5連勝、3連勝と死に体の猛牛軍団がゾンビのように劇的復活。鈴木監督も「奇跡が見えてきた」とニヤリ。15あった借金が瞬く間に減り、前半戦を借金3で折り返す。右肩痛を理由にエース野茂が離脱するも、後半戦も近鉄特急は加速する。7月26日のロッテ戦に勝つと連勝街道をひた走り、借金完済して貯金生活に突入。「洋の東西を問わず、15の借金をわずか40日で返済したチームはない」というスポーツ紙の記事に感激した上山オーナーは、「鈴木君。君の頑張りに感激しました。ここまでやってくれて、感謝している」と手のひら返しの激励メッセージを送った。地獄から生還したビッグワンは、「これから面白くなるで」なんつって堂々たる爆勝宣言だ。

夏の日の１９９４。いてまえ打線は14試合連続5得点以上の日本タイ記録を樹立。首位西武を３タテで一蹴、〝平成の火消し男〟赤堀は21試合連続ＳＰの日本新記録と止まらない連勝街道に2年連続キングに向けて打ちまくるブライアントも「シンジラレナ〜イ」と日本語で絶叫する。四番石井浩郎も打点王待ったなし。首位から4位まで0・5ゲーム差の混パの主役は、愛しさとせつなさと心強さと全部乗せのミラクル・バファローズだった。8月10日の試合にも勝ち13連勝まで伸びると、55日間38試合で32勝6敗と破竹の快進撃でついに奪首に成功。『週刊ベースボール』では「選手に最も近いところで見ている近鉄ファン!?といわれているようだが、その姿勢？　が皮肉にも快進撃の原動力になっている」と突っ込まれる鈴木監督は「奇跡や」と呆然。ナインの「もし優勝できたとしても、監督の胴上げはなし。選手同士だけの胴上げをやろう」なんて冗談のようなコメントが『週刊ポスト』に掲載され、ゴキゲンな前田泰男球団社長は「Ｖ旅行は月や」とぶち上げた。

首位の座こそ2日で滑り落ちるオチはついたが、ビッグワンは「ウチは喜怒哀楽の激しいチームやからな」とか「ベンチは熱うなっとる」と前を向き、近鉄も必死にリーグＶ5を目指す王者西武に食らいつく。オリックスの新星イチローの２００安打挑戦が話題になる中、頼みの野茂は8月24日の天王山西武戦に復帰登板を果たすも、３回57球を投げただけでまたもや右肩の痛みを訴え疑惑の降板。再び抹消され、それが近鉄最後のマウンド姿となった。10月2日に本拠地の藤井寺で西武の胴上げを見ることになるが、その後「西武に比べたら低次元の目標やったけど」とボスは照れながらも、68勝59敗3分のオリックスと同率2位でフィニッシュする。

オフには阿波野、金村、吉井と往年の主力陣がトレードやFAで続々と退団へ。傷だらけの鈴木体制は完全に空中分解して、翌1995年シーズン途中にわずか2年半で終わりを告げるが、長いプロ野球史で見ると「1994年の鈴木近鉄」は非常に大きな意味を持つ。ビッグワンと衝突した野茂英雄は、球団とほとんど喧嘩別れのような形でチームを去り、当時としては異例のメジャーリーグ移籍を目指すわけだ。ドジャース入りした野茂はフォークボールで三振の山を築き、全米にトルネード旋風を巻き起こし、多くの日本人選手がそのあとに続いた。もし、鈴木監督とエース野茂が円満な関係で1995年もともに近鉄でプレーしていたら、その後の日本球界はまったく違った展開を見せていただろう。

後年、サンテレビの『福本豊のプロ野球まちがいない!』に出演して、自身の近鉄監督時代を振り返り、「野茂、お前そんなに走らんでも投げんでも、17、8勝してんのやから、もうちょっと走ったら20勝ぐらいすぐできるでお前、言うんやけど、その言い方が悪い。西本（幸雄）さんの親切さが俺にはなかったのか分からんけど。『野茂、また今日も言うけどな！』とか言うてったからな、それで野茂も怒ってん。ダッハッハッハ……」とついに反省らしき言葉を口にした白髪の草魂。

確かに鈴木政権は栄光とは程遠く、近鉄バファローズは消滅した。それでも汗をかいて、恥をかいて、泣きべそかいたあのズンドコも、時が経てばやがて重要な歴史のピースとなる。人生、無駄なことなど何もないんや。

ええか、だからお前らも、投げたらアカン！（byビッグワン）

1994年の鈴木近鉄・ズンドコグラフ

年間推移&精神収支

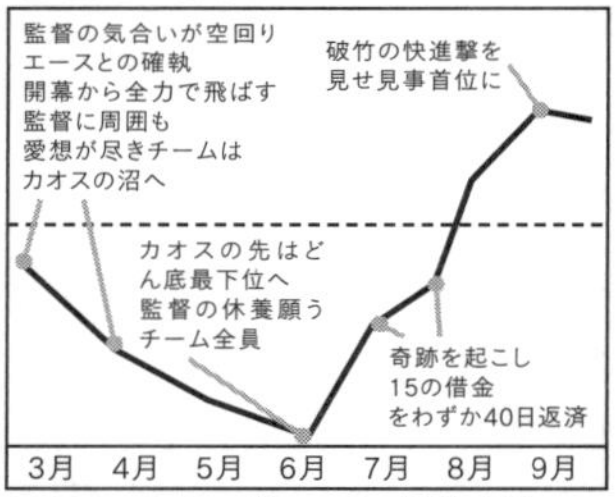
監督の気合いが空回り
エースとの確執
開幕から全力で飛ばす
監督に周囲も
愛想が尽きチームは
カオスの沼へ
破竹の快進撃を
見せ見事首位に
カオスの先はどん底最下位へ
監督の休養願うチーム全員
奇跡を起こし
15の借金
をわずか40日返済
3月
4月
5月
6月
7月
8月
9月

1994年パ・リーグシーズン最終成績

順位	球団	勝	敗	分	勝率	ゲーム差
1	西武	76	52	2	.594	―
2	オリックス	68	59	3	.535	7.5
3	近鉄	68	59	3	.535	7.5
4	ダイエー	69	60	1	.534	7.5
5	千葉ロッテ	55	73	2	.430	21.0
6	日ハム	46	79	5	.368	28.5

見事なV字回復を描いた先に待っていたのはその後の球史を変えるような物語。叩かれれば叩かれるほど、混乱すればするほど根強く育ったチームと選手の"草魂"。鈴木啓示がナチュラルにドラマを展開した輝かしい1年だった。

1994年近鉄バファローズ主力メンバーと年間戦績

1994年鈴木近鉄・ベストオーダー

打順		選手名	試合	安	本	点	率
1	二	大島公一	97	88	5	29	.285
2	遊	水口栄二	107	91	5	43	.272
3	指	ブライアント	105	128	35	106	.293
4	一	石井浩郎	130	154	33	111	.316
5	右	鈴木貴久	120	113	19	73	.263
6	左	スチーブンス	93	87	20	66	.288
7	三	中村紀洋	101	54	8	36	.281
8	捕	古久保健二	87	39	6	26	.202
9	中	中根 仁	103	87	10	42	.291

1994年鈴木近鉄・投手陣

選手名	登板	勝	敗	S	率
野茂英雄	17	8	7	0	3.63
山崎慎太郎	27	12	10	0	3.41
高村 祐	24	9	10	0	4.66
吉井理人	21	7	7	0	5.47
小池秀郎	19	5	2	0	5.30
佐野重樹	47	8	4	2	3.47
赤堀元之	45	9	4	24	1.82

序盤は最下位に沈むも、鈴木監督休養説も報じられた猛牛軍団が突如復活。一時首位にも立った。石井は初の打点王。ブライアントが2年連続のHRキング。赤堀も3年連続の最優秀救援に輝いた。なお、表向きは故障中の野茂は、メジャースカウトが視察に来た2軍ブルペンで豪速球を投げ込んでいたという目撃談も。

1996年の王ダイエー編

「オレは真っ白な灰になるまで京都で頑張るヨ」

39歳のラモス瑠偉は、Jリーグブームを牽引した名門ヴェルディ川崎から、当時の弱小チーム京都パープルサンガへ電撃移籍を決断した。1996年5月の出来事だ。

同じ頃、球界の盟主・巨人軍の英雄も、九州の地でダイエーホークスを率いて悪戦苦闘していた。世界のホームラン王、王貞治である。あの生きる伝説が泥にまみれた……いや「サダハル辞めろ！」とファンから投げつけられた生卵にまみれた時代があったのだ。王・マイ・ゴッド！

「東京ドームには長嶋茂雄という長男がいる。君は福岡ドームの長男にならんか」と球界の寝業師・根本陸夫に熱心に口説かれた王は、周囲から反対されながらも九州に飛び、1994年10月にダイエーの監督に就任する。しかし、南海時代から17年連続のBクラスに低迷中のチー

1996年（平成8年）ってどんな年？

村上龍『ラブ&ポップ』。NINTENDO64発売。映画『トレインスポッティング』。ロンバケ現象。電気グルーヴ『ORANGE』。PS『バイオハザード』。SOD『爆走マジックミラー号がイク！』。『SLAM DUNK』連載終了。『こち亀』100巻発売。サッカー日本代表がブラジル撃破「マイアミの奇跡」。落合博満、巨人退団。

ムの再建は困難を極めた。1995年に元メジャー本塁打王のケビン・ミッチェルを獲得するも、「(トラブルが)付いて回るんじゃない。彼自身がトラブルなんだ」と米球界が放り出した裸のズンドコ大将は、西武との開幕戦で初打席満塁弾のド派手デビューも仮病に無断帰国とやりたい放題。最後は「近所の犬が毎朝6時に吠えるから起きてしまう」と隣近所にクレームをつけニッポンの町内会からも嫌われて去っていった。結果、大物助っ人に振り回された王ダイエー1年目は5位に終わり、中内正オーナー代行は「王監督も恥をかいたのだからやり方を考えるでしょう」なんて突き放す。負け犬根性が染み付いたベテラン選手たちは、世界の王がプロとしての心得を説いても、「あの人は暗すぎる」と監督の陰口を叩き責任転嫁する始末。コーチ陣も間に入り王采配に口を挟めるような雰囲気ではなかった。時代が昭和から平成になっても世界の王は偉大だった。いや偉大すぎたがゆえに孤独だった。

今年こそはと逆襲を誓った王政権2年目の1996年シーズン、高知キャンプの初日から大雪に見舞われ、数日後に激励に訪れたにしきのあきらには白髪を発見され、「王監督、白星に恵まれていますね。ちょっとパンフレット見ますか」とカツラを営業される謎展開。さらにはコーチ陣と麻雀をすれば「どうも白牌ばかり引いてしまうんだよ。ツイてるのかな、いないのかな」なんつって白牌を御守り代わりに持ち歩くホワイトバレンタインだ。

だが、王ダイエーの1996年シーズンは開幕から夢見る少女じゃいられない。ロッテの開幕投手が前年8勝の園川一美と聞くと、王監督は「開幕投手というものには格ってものがあるだろう。舐められたもんだ」とマジ激怒。……しておきながら、エース工藤公康が打ちこまれ屈辱の黒星発進。直後の日本ハム戦では滅多打ちの大敗に「サインが盗まれていないかチェックする」と思わず漏らし、相手の上田利治監督が激怒する一幕もあった。36試合目まで連勝なしと低空飛行が続くダイエーは4月28日に最下位に転落すると、5月9日の近鉄戦に敗れ二度目の4連敗、借金13で首位と10ゲーム差の開幕1カ月ほどで絶望的状況に。そして、その夜にあの大事件が起こるのだ。

9日試合後に怒り狂った一部の鷹ファンがフーリガン化。スタンドからは100本以上のメガホンだけでなく発煙筒まで投げ込まれ、フェンスを越えて乱入したファンが三塁側ベンチに向けて突進する騒ぎがあった。直後に王監督を乗せた選手バスを約3000人のファンが取り囲み、50個あまりの生卵が投げつけられたのである。20分間にも渡り「王、辞めろ！」「出てきて謝れ、サダハル！」「パ・リーグの恥！」「腹を斬れ！」と常軌を逸した罵声が浴びせられ続け、石や靴もぶつけられるバスの中で、王は黙って前を向きじっと耐えていたという。なお、その帽子のひさしには黒いマジックで大きく「忍耐」と書かれていた。

ここまでの暴動に至るまでにはいくつかの伏線があった。近鉄は翌年から開業の大阪ドームへ本拠地が移転するため、日生球場でのラストゲーム。試合中からホークス側の外野席では「王解雇」「責任取れバカオーナー」「南海復活！」といった横断幕が掲げられ殺伐とした雰囲気が漂っていた。大阪のホークスファンにとっては、九州のダイエーは難波の南海ホークスをカネで奪ったという複雑な感情に加え、東京のジャイアンツから来たスーパースターにパ・リーグ球団の気持ちが分かってたまるかという屈折した思いもあった。この2日前に日生球場で行われた同カードでは、ダイエーがボークや落球、暴投、悪送球など草野球のようなミスを連発して二ケタ失点の大敗。やはりファンがバスを包囲する騒動が起きていた。守備陣以上に警備ガバガバなんじゃ……と突っ込みたくなる90年代パ・リーグのリアルである。

「同じ負けるにしても、一生懸命やって負けるなら仕方ない。あまりにも情けない負け方が多すぎる。大金を出して補強した選手が働かず、クビにした山本（近鉄）、加藤（広島）や、トレードでヤクルトに出した田畑、佐藤が他のチームで活躍している。フロントや王監督の目は節穴か！」（サンデー毎日1996年5月26日号）

後援会幹部は、ダイエーを出たら活躍しちゃう「逆再生工場」状態にご立腹。ヤクルトの野村克也監督は「戦力は外に出すほどいるんやろう。長嶋にはブレーンがついとるから悪い面は表に出ないが、王には腹心の部下もなく、すべてが表面に出てしまう」なんて一刀両断。右ヒジの手術以来初のブルペン入りで「僕は野球と結婚してる、と自分でよく言うんですが、やっとマウンドという女房に会えました」と相変わらず巨人・桑田真澄は隙あらば1秒も笑えないマスミギャグだ。メディアも容赦なく「国民栄誉賞に休養のススメ」（週刊文春1996年5月23日号）や「巨人長嶋ダイエー王『休養↓引退』のXデー」（週刊現代1996年5月25日号）と書き立てる。日本ハム元監督の大沢啓二は自身の連載「大沢親分の天下御免！」の中で、「もっとCランクの選手の気持ちを分かってほしい」と苦言を呈している。

「『名選手、必ずしも名監督にあらず』と、よく言うわな。なぜかというと、栄光の道ばかり歩き続けた人間には、意外と細かい面に気づかないところがあるんだ。これは、長嶋にも言えることだけど」（週刊宝石1996年4月18日号）

実はこの4年前に王を自宅に呼び、「どうだ。よかったら日本ハムの監督を引き受けちゃくれねえか」とオファーを出していた大沢ですら、王采配にはこの調子である。四面楚歌の王は5月20日に56歳の誕生日を迎え、番記者グループからはダイエーのユニフォームカラーと同じ黒白のブリーフがプレゼントされるも、「これはフンドシならぬパンツをはき直してやれ、ということかな」なんてワンちゃんギャグが哀しく響いた。それでも背番号89は、「オレがいま辞めたらどうなるんだ。ダイエーのチームづくりがまた遅れるじゃないか」と懸命に前しか見えない目玉をつけてグラウンドに立ち続ける。真っ白な灰になるまで、いや白髪が急に目立ち出したのもこの頃だ。そんな王に対する過剰なバッシングにビートたけしは、「いつから野球ファンがそんなにエラくなったのかね」と呆れてみせた。

「いくらダイエーが不調だからって〝世界のホームラン王〟に向かってファンが玉子をぶつけるだなんて、大リーグのファンだったら考えられねェことだぜ。『王さん、頼むから辞めてくれ』だなんて、世界の野球王に対して口が腐ったっていえねェだろうに、ニッポンの野球ファンは平気なんだものな」(週刊現代1996年11月8日号)

そんな仁義なきズンドコベースボールも、6月にようやく明るい未来をチラ見せする。盗塁王を狙う韋駄天トップバッター村松有人が打者部門で月間MVPに。さらに投手部門でも、先発失格から涙を流しながら苦手のバント処理練習に取り組み抑え転向させたホセがハマり、8連続セーブポイントで月間MVPをダブル獲得。チームも6月は初の勝ち越しとなり、7月には移籍組の武田一浩が4連勝と2カ月連続の月間MVP輩出で最下位脱出に貢献した。だが、アトランタ五輪の〝マイアミの奇跡〟でサッカー日本代表の前園真聖や川口能活が一気にスターダムへの階段を駆け上がった1996年夏、世の中ではO-157が猛威をふるい、ダイエー選手が神戸でのオリックス戦の際に宿泊するホテルも食中毒事件に襲われ、調理場が使用禁止に。工藤は登板前に焼き肉、ユンケル、生卵でスタミナをつけるルーティンが崩れ、夏場は勝ち星なしの4連敗。前年に西武からFA移籍してきた優勝請負人はこの年、最多奪三振のタイトルを獲得も8勝15敗と自己ワーストの負け数と苦しんだ。ベテラン陣も食事で夏バテ解消ができず息切れ状態。『週刊文春』ではこの様子を「まさにO（王）1（秋山の背番号）5（藤本）7（石毛）もO-157に戦々恐々なのである」と緊迫のリポートだ。

逆転Aクラス入りの可能性も残して臨んだ9月には、引き分けを挟んでの9連敗もあり4勝14敗と再び急失速。結局、王体制の2年目は54勝74敗2分、借金20の勝率.422で3年ぶりの最下位で終えた。逆転負け30試合の勝負弱さを露呈した眠れる鷹軍団は、NPBワースト記録の19年連続Bクラス。チーム防御率4・04はリーグ最低も、チーム打率.263はパ・リーグ2位と来季以降へ明るい兆しもあった。当時プロ3年目の若手だった小久保裕紀（現ソフトバンク監督）は、ホークス冬の時代のチーム状況についてこう振り返っている。

「采配的にうまくいかなかった試合後は、ロッカーで王さんの悪口を言う先輩もいっぱいいた。そういう先輩にはついていかないでおこうと思いましたね。秋山さんはそういう輪にまったく入らず、淡々としていた」（ベースボールマガジン別冊紅葉号2020年11月号）

負け犬根性の染み付いたベテランたちに背を向け、西武黄金時代を知る秋山幸二を慕った小久保や城島健司といった若手たちは、この3年後に主力選手として王ダイエーを初Vに導くことになる。

そして、ファンから生卵を投げつけられた夜のミーティングでも、「彼らは悪くない。ああいうファンこそ本物なんだ。ああいうファンこそ優勝したときにイの一番に喜んでくれるんだ。われわれがやれるのは勝つことしかないんだよ。勝って彼らを喜ばすことだけなんだ」と決して嘆くことも逃げ出すこともせず戦い続けた王自身も、徐々に福岡の地に馴染んでいく。中内正オーナー代行との関係は決して良好ではなかったが、翌1997年春には福岡ドーム近くの単身赴任用マンションから市内の3LDKのマンションへ引っ越し。組み立て型の本棚を9800円で買ってきて、汗をかきながら自分でなんとか組み立てた。九州の地で偉大な世界の王ではなく、墨田区のラーメン屋のせがれの顔を取り戻していくのだ。

あんな時代もあったねと、国民栄誉賞の英雄が、屈辱と生卵にまみれながらズンドコの沼で足掻いた1996年の王ダイエー。その後、1999年に福岡移転後初の日本一に。2005年にダイエーからソフトバンクへと親会社が変わっても、2008年限りで監督を退き会長職になっても王は球団の顔であり続けた。巨人に30年、ホークスにも30年——。気がつけば、プロ野球黄金時代の象徴でもある巨人の背番号1は、ほぼ同じ時を福岡の地で刻んでいるのである。

1996年ダイエーホークス主力メンバーと年間戦績

1996年王ダイエー・ベストオーダー

打順		選手名	試合	安	本	点	率
1	左	村松 有人	108	119	0	38	.293
2	遊	浜名 千広	130	123	3	47	.254
3	中	秋山 幸二	121	140	9	66	.300
4	二	小久保 裕紀	126	118	24	82	.247
5	捕	吉永 幸一郎	124	115	20	72	.295
6	DH	大道 典良	90	89	10	51	.325
7	右	ライディ	81	70	7	29	.281
8	一	藤本 博史	101	56	6	23	.211
9	三	湯上谷竑志	86	54	2	20	.270

1996年王ダイエー・投手陣

選手名	登板	勝	敗	S	率
武田 一浩	26	15	8	0	3.84
工藤 公康	29	8	15	0	3.51
ヒデカズ	21	9	5	0	2.54
吉武 真太郎	35	4	13	1	3.44
内山 智之	28	3	2	0	4.33
木村 恵二	30	1	6	5	5.51
ホセ	42	6	9	16	3.13

村松が58盗塁でタイトル獲得。ベテラン石毛宏典は引退。打率.217と低迷の松永浩美も翌オフ退団。1996年ドラフトで井口、松中、柴原と数年後の優勝メンバーを立て続けに獲得するなど世代交代に邁進する。生卵事件は、王が巨人助監督時代の1983年、阪神ファンから乗っていたタクシーに生卵を投げつけられた騒動の模倣犯説も。

1996年の王ダイエー・ズンドコグラフ

年間推移&精神収支

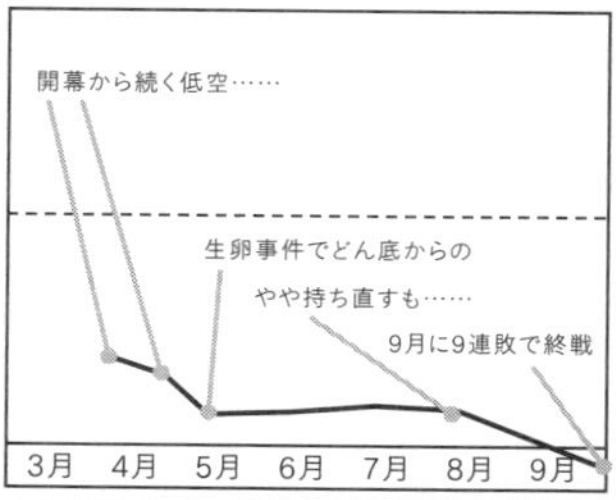
開幕から続く低空……
生卵事件でどん底からの
やや持ち直すも……
9月に9連敗で終戦
3月
4月
5月
6月
7月
8月
9月

1996年パ・リーグシーズン最終成績

順位	球団	勝	敗	分	勝率	ゲーム差
1	オリックス	74	50	6	.597	—
2	日ハム	68	58	4	.540	7.0
3	西武	62	64	4	.492	13.0
4	近鉄	62	67	1	.481	14.0
5	千葉ロッテ	60	67	3	.472	15.5
6	ダイエー	54	74	2	.422	22.0

日本が誇る最強打者、世界のホームラン王といえども屈辱にまみれることもある。「忍」の一字で乗り越えたこの年があるからこそ福岡の地で再び輝いた。

1997年の星野中日編

「鉄拳制裁星野」

かつて球場の外野席には、そんな横断幕が誇らしげに掲げられていた。っていや絶対ダメでしょ。応援団自ら指揮官の鉄拳アピールをかましちゃうって、令和なら即炎上して監督解任案件だからね。まさに「重罪判決」……は懐かしの、ほしのあきイメージDVDのタイトルだ。初めての監督就任時にサンドバックを発注して、選手に致命的な怪我をさせない殴り方を研究した拳がうなる彼の名は、星野仙一。

昭和の中日のエースを張り、1974年には巨人のV10を阻止した通算146勝右腕。「何が起こるかわからん世の中。ならば、スタート地点から、とにかく必死で走れ。走って走って走り抜け。途中でバテたらどうする？　その時はその時のこっちゃ。オレはこの無計画性こそ、人生マラソンの真骨頂だと思う」と自著『男の人生にリリーフはない』で書き綴り、マジで無計画に監督になったら大失敗した元近鉄のビッグワンこと鈴木啓示と同じ1947年生まれだ

1997年（平成9年）ってどんな年？

安室奈美恵『CAN YOU CELEBRATE?』。ドラマ『踊る大捜査線』。映画『タイタニック』『北京原人』同日公開。ナゴヤドーム、大阪ドーム開業。「たまごっち」ブーム。THEE MICHELLE GUN ELEPHANT『ゲット・アップ・ルーシー』『バードメン』。サッカー日本代表「ジョホールバルの歓喜」で初のW杯出場決定。

が、早生まれのため学年は星野が1つ上。現役引退後はNHK『サンデー・スポーツ・スペシャル』のスポーツキャスターを務め、CMや講演に引っ張りだこで年間3億円以上を稼ぎ出し、女性週刊誌では「不倫したい男No.1」に選ばれたミスタードラゴンズだ。

仙ちゃんは指揮を執った中日、阪神、楽天とすべての球団でリーグ優勝を経験した〝勝ち続けた男〟でもある。そんな闘将・星野が中日時代の就任直後の1986年冬にロッテから落合博満をトレードで獲得して、1988年にはリーグ優勝を飾ったことは有名だが、一度だけ最下位に沈んだことはあまり知られていない。

1997年シーズンの出来事である。前年、5年ぶりに監督復帰すると、最終盤までライバル巨人と優勝争いをしながら、ナゴヤ球場の歴史に幕を閉じる10月6日の最終戦で惜敗して、目の前で長嶋監督の胴上げを見せつけられた。現役時代からドラフトで自分を指名しなかった憎きジャイアンツ戦に投げる前は、「普通なら登板2日前からの禁欲でいいのに、巨人戦前は最低3日間は女体を遠ざけることにしていた」という謎のルーティンを己に課していた指揮官が、2位の屈辱を胸にナゴヤドーム開場元年のシーズンに臨む。戦前のアングルとしては完璧だった。

だが、闘将の1997年は波乱の幕開けとなる。1月31日に最愛の扶沙子夫人を白血病で亡くしたのだ。星野が明大2年時に出会い一目惚れ。運輸省の局長の娘で慶応大学のマドンナと呼ばれ、プロ入り1年目の冬に結婚して以来、星野を支えていたのはひとつ年上の姉さん女房だった。告別式で「やんちゃな私を、あの手この手でなだめすかしたり、考えると、今日まで扶沙子の掌の上で一生懸命がんばったような気がします」と初めて人前で涙を流す憔悴しきった男の姿。だが、心配した〝親分〟こと大沢啓二がキャンプ地を訪ねると、いつもの調子で「清原なんて去年はまったく名前が出なかったのにジャイアンツに入ったとたん、清原、清原でしょう。もうチャンチャラおかしいと思ってるんですよ」とFAで西武から清原和博を獲得した宿敵に牙を剥く戦闘モードを強調してみせた。スローガンは前年に続き、「ハード・プレー・ハード」でグラウンドに一歩出たら戦争だと吼える血気盛んなギラギラの50歳。現役時代は巨人戦に打たれると翌日に即リベンジしたくて、「投げさせっ！　投げさんと、もう帰ってしまうぞ。もう投げんぞ！」なんて自チームの投手コーチを脅迫しちゃう狂犬ぶりは健在である。

90年代中盤からいち早くインターネットで自身の情報を発信し、果敢に名古屋の政財界のど真ん中に食い込み、ドーム元年の星野中日を支持する財界人後援会「仙友会」のメンバーは460名にまで膨れ上がった。なんと星野はその一人ひとりと写真を撮り、全員の名前を覚えてみせたという。まさに球界最強のジジイ殺しと恐れられた政治力と行動力だ。雑誌『中部財界』

には「静かでやさしすぎる（ファンの目にはこう映る）中日の戦団には星野仙一監督はうってつけでよく似合う。ヨイショして戦士に好かれ温顔紳士より、すばらしい。味方も敵もいっぱいの個性派の闘将こそ望ましい」と書かれる一方で、仙友会の天野製薬会長からはグラウンド上でいつもしかっめ面でいるよりも、喜怒哀楽を表情に出すよう「もう少しパフォーマンスしたほうがいいのではないか」と指摘され実践する。あのファイター星野の姿は、アントニオ猪木にプロデュースされたタイガー・ジェット・シンのように、周囲から求められる〝闘将〟を意識的に演じていた面も多々あったのだ。

しかし、開幕前に球界を震撼させる大事件が起きる。ドシャース前監督のラソーダ氏が中日の沖縄キャンプを訪問。69歳にもかかわらず、夜はぶっ続けでカラオケを歌いまくり、「あの人はスゴイ。昼、あんなに動いたのに、夜の8時半から12時までカラオケ30曲だよ。30曲……」とさすがの星野もグロッキー状態だ……というのはおいといて、問題は1997年春のプロ野球脱税事件である。名古屋市の経営コンサルタントS氏が主導して、10球団・数十人のプロ野球選手に架空の領収書を発行。選手がそれを税務申告に利用した脱税疑惑がかけられた。当時の『週刊ポスト』によると、疑惑の震源地は中日で、国税当局も中日選手の紹介で脱税の輪が球界に広がったと見ており、主力選手だけでも7名が査察を受けたという。なお、このS

氏は中日のタニマチ的な存在としても知られていた。もちろん球界では昔からの慣習で、まともに女性を口説けない若い選手にはタニマチが、クラブママやホステスに「あの選手の気に入っているホステスを世話してやってくれ」と頼むこともあると錦の高級クラブ従業員は証言する。

「東京や大阪ならば、名古屋ほどは目立たないからと、球団の定宿になっているホテルに呼ばれたホステスもいます。試合を見た後に食事、それから選手の部屋に行く、そして帰りには〝電車代〟といって、5万円くらいを渡される。だいたいのパターンがこれです。遠征先のホテルのロビーで顔見知りのホステス同士がばったり会ったこともあるほど、この手口も日常化しています」（週刊ポスト1997年3月28日号）

なんか令和でデジャブ感のあるこの手の話題……過去をほじくり出したら平成球界も無傷ではいられないだろう。俺たちは今、ダウンタウンもSMAPも原辰徳もいないブラウン管の向こう側の虚空を眺める人生を生きている。退屈だぜ、ディミュロ審判員。えっ誰？　ディミュロ？　そう1997年の中日には開幕後もアクシデントが続いた。4月23・24日の巨人戦で計22失点を喫し、「袋叩きにあって、顔が変形しちゃったよ」なんて逆に仙ちゃんが鉄拳制裁されちゃって、5月8日にはナゴヤドーム内で雨漏り発生のため屋根の下、傘をさして観戦する珍プレー……は置いといて、ディミュロショックだ。日米交流事業のためにアメリカ球界から来たマイケル・ディミュロ審判員はセ・リーグで審判を務めたが、ストライクゾーンや文化の違いもあり、トラブル多発。阪神のムッシュ吉田義男監督は抗議に出たら言葉が通じず、唯一聞き取られた「あんたはノーセンスや」という言葉のせいで、唐突に野球人生初の退場処分に。6月5日、中日対横浜戦でもディミュロ球審のストライク判定に抗議した大豊泰昭が、またもや突然の退場宣告をされ、思わず球審の胸を軽く突いたことが後々大問題に。数日後にディミュロは「かつて感じたことのない恐怖を感じた」なんつって辞意を申し入れて電撃帰国してしまうのだ。「日本は世界でいちばん安全な国と聞かされたが、審判はそんなことはない」と泣き言を漏らす29歳に対して、星野監督は「ディミュロを責めるより、AAA級の審判を連れてきて日米交流だと思っていた連盟の当事者にも責任がある」とバッサリ。なお、この大豊退場の試合に敗れた中日は勝率5割を切り、以後、閉幕まで貯金できないままで終わった。

もはや勘のいい読者の方はすでに気づいていることだろう。まだ全然ペナントレースの詳細、出てこねえじゃねえかと。うんゴメン、1997年の星野中日の戦いぶりは取り立ててトピックスはない。借金4の4位で前半戦を終えると、やがて恐ろしくナチュラルに最下位に沈んで、錦の洗体エステで紙パンツを履いたまま うたた寝するように静かに終わってる。

前年、狭いナゴヤ球場だけで92本塁打を放った打線は、広いナゴヤドームでは59試合でわずか35本塁打。強竜打線の牙は抜かれ、1996年のチーム打率・278、179本塁打から、ドーム元年は打率・243、115本塁打へと急降下。前年のキング山﨑武司は39本塁打から19本に、38本の大豊は12本へ激減してしまう。安打製造機アロンゾ・パウエルはヒザの持病があり、攻守に渡りナゴヤドームの広大な外野では機能せず解雇。まあそらそうなるよねという哀しみの連鎖だ。『週刊ベースボール』で星野監督は「みんなが想像していた以上の広さだった。モンスターと言ってもいいくらいだ」と新ホーム球場にお手上げ状態。「古民家から分不相応な大邸宅への引っ越しだ」なんて見栄を張ってタワマンに引っ越しちゃった港区女子のような泣き言が空しく響いた。投手陣はエースの今中慎二が左肩痛で苦しむ一方で、開幕8連勝を飾った山本昌が18勝で最多勝獲得。抑えの宣銅烈は38セーブを挙げたが、9月6日の巨人戦に敗れ最下位へ転落。新助っ人のゴメスが、チーム練習の多さに「まるでアーミーだネ……」なんて嘆きつつ31本塁打を放つなど翌年に向けて明るい兆しもあったが、首位の野村ヤクルトとは24ゲーム差をつけられ、そのまま5年ぶりの最下位でシーズンを終えた。「今の選手の4分の3を変えることがオレの役割だと思っている」と鬼の仙一宣言通りに、ディミュロ騒動後に野次ってきたファンにキレてバットを投げつけ球団から3試合の出場停止処分を食らった大豊が、ペナント閉幕直後にあっさりと阪神へトレードで放出されている。

って妙な違和感が……。そう、なんか奇妙なこの感じ。いつの時代も激弱ズンドコ球団の監督は、みんなどん底からなんとか這い上がろうと不様なほどに足掻き、転がり続けた。その往生際の悪さ、真剣の中の諦めの悪さが芸術的ズンドコへと昇華されていたのだ。だが、1997年の星野中日にはその匂いは一切しない。恐ろしく、あっさり最下位に終わっている。なぜなら、一度くらい最下位に終わろうが、名古屋のドン星野には屁でもないからだ。他の監督のように目先の結果でクビが飛ばされることもないから、安心して男の美学的に未来のために負ける余裕がある。鉄拳制裁の裏側で政治ゲームを支配した、ジジイ転がしの仙ちゃんを舐めてはいけない。

なお、星野は通算17年間の監督生活で最下位は、この1997年の中日と2014年の楽天の二度のみ。2013年に球団初にして自身初の日本一に輝いた翌年に最下位になると、今度はサクッと退任して楽天シニアアドバイザーの要職に就いた。

2018年1月に70歳で亡くなったが、ときに世間的なパブリックイメージの「闘将」とは真逆の異様にクールな一面も巧みに使い分けた男。いわば冷静と情熱の狭間に存在したのが、星野仙一だったのである。

1997年中日ドラゴンズ主力メンバーと年間戦績

1997年星野中日・ベストオーダー

打順		選手名	試合	安	本	点	率
1	中	益田 大介	117	108	2	24	.269
2	遊	鳥越 裕介	124	56	2	16	.208
3	二	立浪 和義	133	133	14	55	.269
4	三	ゴメス	135	152	31	81	.315
5	右	パウエル	106	96	14	56	.253
6	左	山﨑 武司	130	108	19	54	.257
7	一	大豊 泰昭	95	71	12	35	.240
8	捕	中村 武志	102	65	8	36	.232
9	代打	愛甲 猛	93	28	2	20	.283

1997年星野中日・投手陣

選手名	登板	勝	敗	S	率
山本 昌	29	18	7	1	2.92
門倉 健	34	10	12	0	4.73
今中 慎二	10	2	2	0	4.03
前田 幸長	25	2	13	0	5.06
古池 拓一	30	4	9	0	5.02
中山 裕章	53	7	6	0	4.34
宣 銅烈	43	1	1	38	1.28

ナゴヤドーム効果で開幕から56試合連続で満員御礼。だが前年12球団最多の179本塁打の強竜打線が広いドーム移転により完全崩壊。元沢村賞・今中の離脱も響いた。なお名古屋出身の女優・武井咲は幼少時にゴメスの大ファン。オフにチーム改革に乗り出した星野監督は阪神とのトレードで関川浩一、久慈照嘉を獲得へ。

1997年の星野中日・ズンドコグラフ

年間推移&精神収支

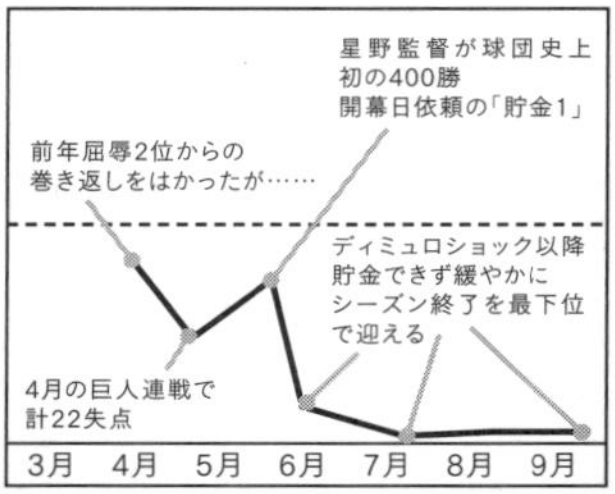

星野監督が球団史上
初の400勝
開幕日依頼の「貯金1」
前年屈辱2位からの
巻き返しをはかったが……
ディミュロショック以降
貯金できず緩やかに
シーズン終了を最下位
で迎える
4月の巨人連戦で
計22失点
3月
4月
5月
6月
7月
8月
9月

1997年セ・リーグシーズン最終成績

順位	球団	勝	敗	分	勝率	ゲーム差
1	ヤクルト	83	52	2	.615	―
2	横浜	72	63	0	.533	11.0
3	広島	66	69	0	.489	17.0
4	巨人	63	72	0	.467	20.0
5	阪神	62	73	1	.459	21.0
6	中日	59	76	1	.437	24.0

情熱と鉄拳の指揮官率いる1年とは思えないような淡々としたシーズンもその実3年目以降の反攻の前の静けさだったのかもしれない。

1998年の近藤ロッテ編

1998年夏、灼熱のタイで「長嶋茂雄、丸刈り事件」を知った。

アユタヤというビーチに向かう電車の中で、日本人の会社員風の男が持つスポーツ新聞と、こっちの『はじめの一歩』を物々交換したのである。甲子園で判定に不満を持ったガルベスが審判にボールを投げつける暴挙に出て、その責任を取りミスターが頭を丸めたのだという。当時、猿岩石やドロンズが『進め！電波少年』でヒッチハイクの旅をした直後で、日本人バックパッカーもやたらと多かった。とか言ってる19歳の俺もイージーにブームに乗って、格安航空チケットを買い、機内映画で字幕なしの映画『タイタニック』を眺め、バンコクのカオサン通りを徘徊した。「そのあとはオクラホマへ行き、フットボールを勉強した。名選手といわれる人と押し比べをしたが、二人がかりでもぼくを押し切れなかった」と例によって

1998年（平成10年）ってどんな年？

アントニオ猪木引退。中田英寿がセリエAペルージャ移籍。iMAC発売。SMAP『夜空ノムコウ』。若乃花が横綱昇進。横浜ベイスターズ38年ぶりV。セガドリームキャスト発売。X JAPANのhide死去。高田延彦がヒクソン・グレイシーに二度目の敗北。「だっちゅーの」流行語大賞。

わけの分からない力自慢を自著で口走る懐かしの元横綱・双羽黒こと北尾光司は置いといて、タイで見たなによりも、遠く異国の地で聞く「ミスターの丸刈り」にワクワクした。マジで早く日本へ帰ろうと思った。俺には、アユタヤよりもナガシマだ。そんなG党のガキを見て、日本人の会社員は、こう言ったのだった。

「パ・リーグも見る？　ロッテが記録的連敗したらしいよ」

あの夏、近藤昭仁監督率いる千葉ロッテマリーンズは凄まじい勢いで負けまくった。なにせ、プロ野球新記録の18連敗だ。前年の1997年シーズンは最下位に終わり、捲土重来を期して船出した2年目の近藤ロッテのオフは、妙にほのぼのとしたものだった。東京・錦糸町のロッテプラザで500人のファンと一緒に楽しむ大忘年会では、抽選で選ばれた女性ファンがウエディングドレス姿となり、新郎役の若手選手たちとキャンドルサービスやケーキカットをしてまわる謎の模擬結婚式を敢行（一部選手は私生活の本妻にバレたらシャレにならないとマジで辞退）。新人合同自主トレでは、ドラフト7位白鳥正樹投手が鼻血をブーッするハプニング。下半身強化のため相撲部屋で稽古に参加した池野昌之は、「股が裂けてしまった」と魂じゃなくてキンタマのギブアップ……って野球とは1秒も関係ない話題が続くが、1997年のロッッテは12球団最低の75本塁打という超貧打に泣かされ、その救世主として年俸2億6000万円をぶっこんで、公称37歳のフリオ・フランコを3年ぶりにメジャーから呼び寄せた。

1998年春、アリゾナ州ピオリアのキャンプ地で合流した球界初の外国人主将フランコは、「オレは日本でやり残した仕事がある。それに決着をつけるために、マリーンズに戻ってきたんだ」と『週刊ベースボール』で堂々のV宣言。と思ったら、ボスの近藤監督は「去年は頑張ったが、やっぱり最下位だった。今年？ 5位だろ」なんて糞ぶっかける一言。ちなみに海外キャンプで選手たちは、プレステの『みんなのゴルフ』にハマり、右ヒジの手術をしたばかりの成本年秀は「結構、指を使うので、いいリハビリにもなるんだ」なんつって前を向いた。ってあれ？ 最下位チームが毎日ユルユルの雰囲気で大丈夫かと心配にもなるが、メジャーで首位打者経験のある大物フランコのことばかりを報道陣から聞かれる同僚助っ人キャリオンは、「そんなにフランコのことを知りたかったら、直接彼に聞けばいいじゃないか」とオレはアイツのかませ犬じゃないぞ的に不満タラタラ。開幕直前の3月29日には、新守護神候補のデービソンが来日。秘密兵器とあって、近藤監督はテレビカメラがブルペンに入るのも拒否、写真撮影もNGのピリピリモードだったが、右肩に爆弾を抱えているマジもんの秘密が露呈するのはこの少しあとのことだ。

あっちでユルユルこっちでガバガバ、すべては18連敗の伏線に……と語りがちだが、開幕カードの近鉄に連敗こそしたものの本拠地開幕の日本ハム戦で18安打16得点と爆勝。4月10日からの西武3連戦では14年ぶりのレオ三タテ。22日のダイエー戦では、選手会長の小宮山悟が完封で3勝目をあげ、チームは8勝4敗で首位に。4月終了時も2位近鉄に1・5差をつけリーグ1位で終えている。意外なことに負けまくったイメージの強い「1998年ロッテは4月首位だった」のである。

だが、大型連休明けから息切れ、5月9日に2位から一気に4位転落で雲行きが怪しくなり、左肩痛で二軍調整中のクローザー河本育之は「胸がBカップになった」となぜか筋トレ成果をアピール。近藤監督はフランスワールドカップに初出場のサッカー日本代表への応援メッセージを依頼されても、「ウチは、それどころじゃないよ」と素っ気ないものだった。そして、6月13日のオリックス戦で小宮山がKO。まあ長いペナントレースよくある負け試合……と思ったら、その時歴史が動いた。ここから、あの未曾有の大型連敗がスタートするのである。

直後の近鉄3連戦で初戦は8点を奪うも12点を取られ、3戦目は5対2と3点リードの9回裏に同点に追いつかれ、延長11回に吉岡雄二にサヨナラ2ランを浴びて4連敗。守護神不在に悩んだ近藤監督は、帰りの新幹線で「外れるのはカズ、三浦カズ」（by岡田武史）じゃなくて、「抑えるのはトモ、黒木トモ」的に情熱のエース黒木知宏を緊急クローザーに指名。しかし、19日の日本ハム戦では流れを変えようと一軍昇格させた捕手の清水将海が頭部死球で退場して完封負け。20日、21日も代役ストッパー黒木が9回に逆転を許し7連敗と打つ手全てが裏目のズンドコ地獄に陥ってしまう。遠征先の富山市内の焼き肉店で選手28名が参加して決起集会。7連敗のうち逆転負け6度。お気に入りの高島礼子のポスターが日々の活力源というフランコ主将は、「力負けというより、紙一重で負けている。今こそチームが一つに」とワンチーム宣言だ。

結局、その富山でも西武に連敗。6月26日の近鉄戦は9回裏に同点に追いつくも、11回表にまたも黒木が打たれ10連敗。これには近藤監督も試合後「ちょっと待ってくれ」と唐突に囲み取材を中断して緊急ミーティングへ。「良薬があったら教えてほしいよ」と半ばギブアップ状態の指揮官に堪忍袋の緒が切れたのか、28日の近鉄戦では怒った一部ロッテファンが爆竹を鳴らす騒ぎも。20年ぶりの12連敗を喫すると翌29日、中村稔投手コーチが球団編成部調査担当へ異動。代わって佐々木信行ブルペン捕手がバッテリーコーチ補佐に昇格する突貫人事を、選手たちも新聞報道で知り一同仰天。次は近藤監督の休養か……という報道に「俺は、倒れても采配を振るい続ける」とボスは怒ったが、6月30日の西武戦に5対5で引き分けるのがやっと。福井、石川と続く過酷なロードでも白星に恵まれず、7月3日の地元千葉のダイエー戦で小宮山が完投するも1点差で敗れ14連敗。客席からゴミが投げ込まれ、「負けは見飽きた」と横断幕も掲げられた。すると翌4日ダイエー戦の試合前、重光昭夫オーナー代行の発案で招かれた千葉神社の宮司が首脳陣や選手を集め球場で厄払い。一塁ベンチには清めの塩もまかれたが、試合は延長11回の総力戦に7対10で競り負け無惨な15連敗。

「希望を持ってやります」と近藤監督は言葉を振り絞ったが、もうどうにも止まらず、翌5日に36年の大東京、70年のヤクルトに並ぶプロ野球タイ記録の16連敗。だが、千葉マリンの選手出入口の正面玄関にファン約500人が詰めかけ、約40分間に渡り応援歌を大合唱してチームを励ました。球団にも毎日100本を超える激励電話が鳴ったという。舞台を神戸に移した7月7日のオリックス戦は、長く語り継がれる一戦になる。久々に先発復帰のエース黒木が熱投も、2点リードの9回二死一塁、あと一球で連敗脱出という場面で、139球目の内角低目の速球をプリアムにとらえられ同点2ランを浴びる。たった一球で地獄に堕ちた背番号54はマウンドに崩れ落ち、そのまま交代。ベンチ裏で号泣すると、抑えに先発にフル回転の男は脱水症状と体力消耗で右肩や右ヒジが熱痙攣し、コーチに支えられながらバスへ。チームもサヨナラ負けを喫して、ついにプロ野球記録の17連敗となった。

「勝手に人を殺しやがって。俺はちゃんと生きている」

翌8日に「解任」報道された指揮官は精一杯強がるも静かに敗れ18連敗。勝利祈願ダルマの白い片目が虚空に泳いだ。だが、7月9日、打線が火事場のクソ力を見せる。9対1と大量リードして迎えた6回裏、連敗中に相手投手データを分析して野手陣に伝授した理論派小宮山が8安打を浴びて5失点。やっぱダメかも……という雰囲気になるも、ボスから「お前しかいない」と背中を押され、14被安打6失点のフラフラの140球完投勝利でついに勝った。6月13日に小宮山で始まった連敗は、その27日後に小宮山で終わりを告げたのである。

近藤監督は「これからは20連勝だ！」とほとんどヤケクソのシャウト。皮肉にも負け続けることによりロッテへの世間的注目度が格段に上がり、黒木が泣いた「七夕の悲劇」は、フジテレビのゴールデンタイムで生中継された（が、視聴率3・3％と惨敗に終わったのもまた98年の近藤ロッテらしい）。18連敗を脱した9日のオリックス戦も、TBS系列のゴールデンタイムで生放送。首位の日本ハムでさえ1万人がやっとというパ・リーグ冬の時代、ロッテ戦には平日にもかかわらず、連日2万人超えのファンが詰めかけた。

今思えば、マウンドで崩れ落ちた黒木も、それを「諦めちゃいかんよ、クロちゃん」と諭した小宮山もある意味、純粋だった。「どうせ浮気をするなら、堂々とやる。ドンドンやる。そして、奥さんには徹底的にシラを切ること。たとえ、ベッドの上でソノ最中という現場に踏みこまれても、トコトン『そんなことはしていない!』といい切る。ウソつき!ハレンチ!などと、何といわれようが、『知らぬ存ぜぬ』で押しとおす」とむちゃくちゃな暴論を自著『投げたらアカン!』で力説する元近鉄のビッグワンこと鈴木啓示のような唯我独尊エースがロッテにいれば、また違った展開になっていただろう。

チーム打率1位、防御率2位、18連敗を抜きにしたら61勝53敗2分なのに終わってみれば2年連続最下位。契約を1年残し、「もっと強いチームでやりたかった」とそれを言っちゃあお終いよ的な別れの挨拶をかまして、秋に近藤監督が去ったことはもはやあまり重要ではない。

1998年のロッテ18連敗――。屈辱から立ち上がった黒木はこの年の最多勝と最高勝率に輝き、球団史上最年少の1億円プレーヤーとなり、今は古巣ロッテの投手コーチとしてグラウンドに立つ。そして、1998年春、ある若者は球団から新幹線のグリーン席チケットを渡されていたにもかかわらず、豊橋の中華料理屋でたらふく食べて飲んで、切符の時間はとっくに過ぎていたため飛び乗った便は指定席どころか自由席も空席なし。仕方がないから大の男が新聞紙を敷いて、通路に座った。「もう、本当に情けなかったっスよ」と嘆くのは当時プロ

5年目の福浦和也である。1993年ドラフト会議で64名中64番目のロッテ7位指名でプロ入りした無名の投手は、1年目に野手へ転向。のちに通算2000安打を達成するまでの打者に登り詰め、2023年にはロッテ1軍のヘッド兼打撃コーチに。現在は1・2軍統括打撃コーディネーターを務めている。

ミスターが頭を丸め、横浜高校の松坂大輔が甲子園決勝戦でノーヒットノーランを達成したあの1998年夏、苦しみあがいた近藤ロッテの18連敗を知る男たちが、四半世紀後に令和のロッテを支えたのもまた事実である。

1998年千葉ロッテマリーンズ主力メンバーと年間戦績

1998年近藤ロッテ・ベストオーダー

打順		選手名	試合	安	本	点	率
1	右	平井 光親	116	124	8	35	.320
2	遊	小坂 誠	124	100	3	33	.233
3	一	福浦 和也	129	132	3	57	.284
4	二	フランコ	131	141	18	77	.290
5	三	初芝 清	134	140	25	86	.296
6	指	キャリオン	60	68	8	37	.300
7	左	大村 巌	95	81	6	38	.286
8	中	堀 幸一	127	107	10	44	.241
9	捕	吉鶴憲治	86	38	4	25	.235

1998年近藤ロッテ・投手陣

選手名	登板	勝	敗	S	率
黒木 知宏	31	13	9	0	3.29
小宮山 悟	27	11	12	0	3.57
武藤 潤一郎	26	8	7	0	3.76
園川 一美	39	5	4	0	3.89
藤田 宗一	56	6	4	7	2.17
ウォーレン	24	2	1	3	0.93
河本 育之	25	0	4	9	3.42

連敗脱出の翌日、緊急補強の中継ぎ投手ウォーレンがデビュー。なお2試合連続サヨナラアーチが飛び出し、18連敗後に3連勝を飾った。直後にキャリオンが腰痛で手術したのち9月にテスト志願も結局退団。疑惑のボークで盗塁阻止という小坂と西武松井のズンドコ盗塁王争いも話題に(43個で同時受賞)。

1998年の近藤ロッテ・ズンドコグラフ

年間推移&精神収支

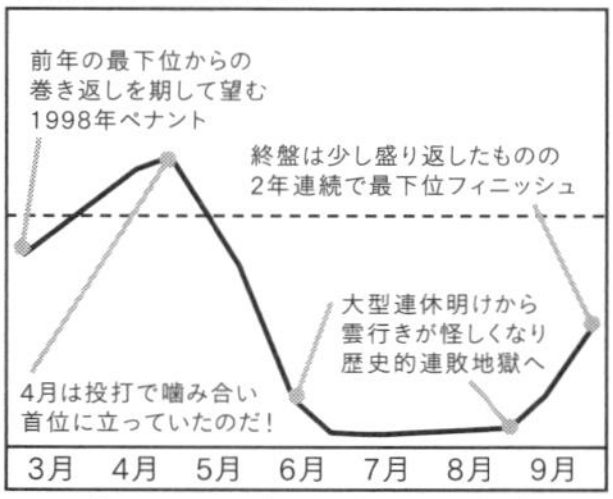

1998年パ・リーグシーズン最終成績

順位	球団	勝	敗	分	勝率	ゲーム差
1	西武	70	61	4	.534	–
2	日ハム	67	65	3	.508	3.5
3	オリックス	66	66	3	.500	4.5
4	ダイエー	67	67	1	.500	4.5
5	近鉄	66	67	2	.496	5.0
6	千葉ロッテ	61	71	3	.462	9.5

パ・リーグの最終順位を見るとそれほどの連敗をしたチームとも思えない(最下位だけど)。魔が差した5月、6月。わずかなところで勝利をこぼし、それが連鎖的につながっていって招いた悲劇。それでもファンは支え、それを経験した選手は一枚も二枚も大きくなっていまの球団を支えているという歴史。

1999年の野村阪神編

「あかんわ、打てる気せえへんもん」「4番ちゃうな。あんなオープンスタンスじゃタマ飛ばへんやろ」

1999年春、大阪の地下鉄・御堂筋線の車内では、2人組の熟女がなにやら深刻な顔で話し合っていた。趣味がゴルフなのかな……と思ったら、TBSドラマ『魔女の条件』の松嶋菜々子の服装を意識したけど雰囲気はどう見てもハイヒールモモコ風の淑女はこう言った。「迫力不足やわー、ブロワーズ」と。一瞬「ファック、ブラ外れたわー」に聞こえて激しく動揺したが、どうやら阪神タイガースの助っ人マイク・ブロワーズについて語り合っているようだった。……ってそんなことある？　前年、大学に通うため埼玉から大阪にひとり出てきた俺はテレビじゃ見られない浪速の街のリアルに圧倒された。宇多田ヒカルのアルバム『First Love』が爆発的に売れた90年代最後の春、MDウォークマンで椎名林檎の『無

1999年（平成11年）ってどんな年？

「iモード」サービス開始。ハイスタ『MAKING THE ROAD』ヒット。映画『アイズワイドシャット』公開。ソニーのAIBO（25万円）発売。王ダイエー初の日本一に。江口洋介と森高千里が結婚。グラビア界を優香が席巻。東京ドームで橋本真也対小川直也の1.4事変。

罪モラトリアム』が鳴り響いていたあの頃、関西は未曾有の阪神フィーバー、いや野村フィーバーで毎日がノムさんフェス状態だった。

なにせ前年までヤクルトの監督を務めていた名将・野村克也が、このシーズンから同リーグの阪神タイガース監督に電撃就任したのである。契約金2億円、年俸2億円の3年契約という異例の好待遇には、獲得を指示した阪神の久万俊二郎オーナーでさえ「な、なんじゃあこれは。あんたらが決めたんか。この金でオーナー何人雇えるんや」なんてドン引きしたが、それだけ阪神は本気で変わろうとしていたのだ。前年は首位と27ゲーム差のセ界どん尻。１９８５年の優勝以降、13年間で7度目の最下位に、吉田義男監督は「紙一重の勝負どころで負けることが多かった」なんつってエクスキューズをかましたが、打率、本塁打、得点すべてが12球団ぶっちぎりワーストの大惨敗である。そんなダメ虎を救うのはカリスマ指揮官ノムさんしかいない！　あかん優勝してしまうなんて虎党は開幕前から異様に盛り上がり、2月の安芸キャンプ初日には取材陣２６０人が集結。上空には新聞各社のヘリコプターが飛んだが、野村監督は発熱でダウン。同じく高知でキャンプを張る西武のゴールデンルーキー松坂大輔に主役の座を奪われたが、３日目からマスクをつけての再降臨。スタンドでは「サッチーよ~ん。主人が風邪で迷惑かけてすいません」と野村沙知代夫人が謝り……と思ったら、よく見るとダチョウ倶楽部の上島竜兵が変装したニセサッチーで「ほう、あいつも見舞いにきてくれたんだな」と感激していたノムさんも大激怒。数年前に当時の藤田平監督と合わず、「センスがないから野球を辞める」なんて駄々をこねていた新庄剛志が外野と投手の二刀流挑戦をぶち上げ、ブルペンで剛速球を投げ込むまさにカオス。『週刊ポスト』でカネヤンが巨人グアムキャンプの長嶋茂雄監督を直撃すると、ミスターは「新庄が外野からピッチャーにコンバット⁉」と驚き、読者は「それコンバットじゃなくコンバートなんじゃ」と突っ込んだ。

まずは負け慣れた組織の意識改革と、「トータル、オブジェクトレッスン、プロセス」の〝TOP野球〟を掲げ、B5判で140ページの小冊子「野村の考え」を選手たちに配布してミーティングに臨む洗礼。しかし、岡田彰布二軍監督は「二軍レベルの選手は頭より、体力を優先させるべきやろ」といきなり反旗を翻す。これには名将も岡田が芸人の坂田利夫と共演するうどんのCMについて、「アホの坂田と組んで、ええコンビやないか」とアレをチクリ。そらそうよ、パ・リーグの南海でテスト生から成り上がった高卒の大物外様監督と、早大出身で生え抜きドラ1の監督候補生。育った環境が違いすぎるノムさんと、どんでんの夢タッグは船出から不穏な空気が漂っていた。

だが、周囲は日ごとに加熱していく。尼崎信用金庫は阪神が優勝すると金利が三倍の「がんばれタイガース定期預金 強虎元年」をぶち上げ、大正銀行も店頭金利に0・3%上乗せする「NEWタイガース定期」と続々と便乗。「甲子園都ホテル」は全国の「野村」さん、「克也」さん、ついでに「沙知代」さんまで宿泊費が半額になる意味不明すぎるキャンペーンを実施。虎党が集まる居酒屋では新メニューのフルーツの盛り合わせ「ファーストレディー・サッチー」が1500円で提供された。大阪のスポーツ紙一面は連日「野村阪神」の見出しが踊り、キリン、兵庫県国民健康保険に続き、3社目の大阪メディアポートCM撮影に臨んだノムさんは、「怖い顔をしてくれといわれてね。オレはブスッとした顔は得意だけど、これには困ったね。しかし長嶋の顔を思い浮かべてコノヤローと思ったらOKが出たよ。昔から俳優に憧れていたんや」とご満悦。敵地・東京ドームの開幕GT3連戦に向けて、「巨人3連戦は、135分の135。それくらい重要や」なんて吼えてみせた。

投手挑戦の新庄は膝や左太ももを故障して離脱したが、なんと阪神は宿敵相手に2勝1敗の勝ち越しスタートを切ってみせる。試合後のノムさんは「すみませんね、皆さん。予想外の展開で……」と記者団を爆笑させ、大阪サンケイスポーツは「強虎だ 優勝（夢やない）」なんて大見出し。本上まなみが表紙を飾る『週プレ』もすかさず「猛虎優勝!?」特集をぶっこんだ。日本海の海辺にひっそりと咲く月見草から、大阪を明るく照らすヒマワリへ。64歳にして天下を獲る勢いのノムさん新喜劇の開演だ。「なんや、ロクなのがおらんやないか。アホばっかりや」とキャンプからボヤいた正捕手には、「なかなかおもろいリードをするやないか」と前年中日から移籍してきた矢野輝弘を抜擢。4月は7連敗の直後に6連勝と踏ん張り、23日からの古巣ヤクルト三連戦では8年ぶりの3タテで一蹴。勝率5割で乗り切り、5月はテスト入団の出戻りサウスポー遠山奨志が10年ぶりの勝利を挙げ、投手から一塁手として守備に就き、サイド右腕の葛西稔を挟み、左打者になると再び登板のタイガードライバー'99「遠山・葛西スペシャル」も話題に。5月14日の首位・中日戦ではベテランの大豊泰昭が代打サヨナラアーチをかっ飛ばし、ベンチ前でノムさんと歓喜の抱擁。映画『秘密』試写会の広末涼子ベッドシーンに俺らも狂喜乱舞の咆哮。ザ・ハイロウズの傑作アルバム『バームクーヘン』発売翌日の6月10日、実に6年ぶりの単独首位に立つと、12日の巨人戦では延長12回裏、5月月間MVPの絶好調で四番に座る新庄が槙原寛己が投じた敬遠球を叩いてサヨナラ打。虎のプリンスは甲子園の大観衆に向けて、「明日も勝つ!」と全力で絶叫した。大阪・道頓堀では5月25日に第1号ダイビングが出たのをきっかけに『六甲おろし』を熱唱しながら飛び込む虎キチ続出で、大阪府警や大阪中央消防署は連名で阪神球団に異例の自粛を呼びかけ。阪神百貨店では、高さ約10センチ、金を50グラム使用した純金製の野村監督像が100万円で販売された。『週刊ベースポール』によると、同店6階のタイガースショップの5月売上げは前年同月の3・5倍で約1億1000万円の過去最高を記録。売上増のほとんどが野村監督グッズだという。あの頃、G党関東人の俺はそんな大阪の雰囲気がしんどくて、イタリア・ペルージャの中田英寿のキラーパスとプレステのサッカーゲーム『ウイニングイレブン』に浮気した。

まさにノムラ・オブ・ゴッド。すべては怖いくらいに順調だった。だが、1999年初夏、恐怖のサッチー……じゃなくて大王が虎を襲う。首位をキープできたのはわずか1週間で、6月16日から5連敗。気が付けば、首位中日の背中が遠くなり、巨人にも追い抜かれた。6月30日の中日戦で完封負けを食らうと「大豊さんも、もうちょっと問題意識を高めないと終わっちゃうよ。もう契約してくれなくなるよ」と主砲にボヤキ。しかし、一本気な大豊は翌日これをスポーツ紙で知り激怒。監督批判をかまし、スタメン予定にもかかわらず、試合前に名古屋の自宅に帰ってしまう。結局、大豊が謝罪した上で罰金を払い手打ちとなるが、直後に助っ人投手のダレル・メイが塁審を小突き退場処分の謹慎期間中に、恋人と歯の治療も兼ねたグアム旅行へ。当然、ノムさんに「ワガママで非常識」と怒られると、逆ギレしたメイはマスコミに「あの監督は勝てば自分の手柄、負ければ選手の責任」という英語文書の監督批判ビラを自ら配る前代未聞のクーデターに打って出る。いや頼むからその熱意と時間を野球に使ってくれ……なんて真っ当な突っ込みも虚しく、罰金1200万円と無期限出場停止の重い処分が課せられ、メイはそのまま退団へ（翌年から巨人で活躍）。

時期は前後するが、気が付けば年俸2億4000万円のブロワーズもしれっと解雇でサヨウナラ。「野村監督は結局、私と一言も言葉を交わそうとしなかったんだ」とB砲は嘆いたが、不振でもファームに落とせない契約が足枷になったという。その起用法に不満を漏らしていた抑えのベン・リベラも右ヒジ痛で姿を消し、なんとか流れを変えようと合流した新助っ人投手カート・ミラーは日本式の長い練習に驚き、「アツイ、アツイ」を連発してまったく使いものにならず。相次ぐ主力の造反や離脱でガタガタになったチームは、前半戦を4位で折り返すとオールスターを挟み9連敗。ジリジリと順位を落とし、ついに8月6日には3試合連続の完封負けで最下位に転落してしまう。傷心の指揮官は「我々はこれから無駄な日々を送ることになります」なんて事実上のギブアップ宣言。週刊誌では野村愛人疑惑やサッチーの学歴詐称が毎週書き立てられ、OB川藤幸三のテレビ解説に怒り、「アホに分かるわけはない。勉強せえ」と一喝する騒動もあった。もうぐちゃぐちゃ。阪神の未来はセ界がうらやむ妄想マシーンもあえなく崩壊。さすがの名将もストレスが限界を超え8月7日のヤクルト戦では、「このバカ！」

と塁審に暴言を吐いて野球人生初の退場処分を食らってしまう。「誰が監督しても同じじゃないかと思う。この戦力で戦える人がいれば、すぐに代わりますよ」と力なく笑うノムさん。負けが込むと反野村勢が息を吹き返し、「歴代監督やコーチをバカにしといてこのザマか」と口うるさいOB会がすかさずリベンジ。赤いキセツ到来告げて、映画『マトリックス』が日本公開されヒットした99年初秋、ネオ・ノムラは虎の救世主にはなれなかった。

終わってみれば「監督生活でこんなに負けたの初めてや」とボヤく55勝80敗で、名将を持ってしても阪神は7年連続のシーズン負け越し。首位中日とは26ゲーム差のリーグ6位で、チーム打率・259、97本塁打はセ・リーグワーストだった。ペナント終盤、野村監督自ら「辞める」と言い出し、球団社長の野崎勝義氏は自著で「阪神は野球ができる環境にありません。選手も甘いが、担当記者も悪い。OBもよくない。これでは私の目指す野球はできません」とノムさんにボヤかれたことを明かしている。だが、2年目の井川慶がプロ初勝利をあげ、自己最多の63試合に投げた遠山はカムバック賞を受賞。新庄はオールスターのMVPに輝くなどファンを喜ばせるサプライズが例年以上に多かったのも事実だ。主催試合では前年比31・4％増の観客260万人突破。1年前は5000人しか入らなかった甲子園での本拠地最終戦には、消化試合にもかかわらず2万3000人ものファンが集まった。

序盤の快進撃と後半の急失速。天国と地獄を行き来した1999年の虎フィーバー。

それは野村克也が監督生活18年目で、初の最下位に沈んだシーズンでもあった。

1999年の野村阪神・ズンドコグラフ

年間推移&精神収支

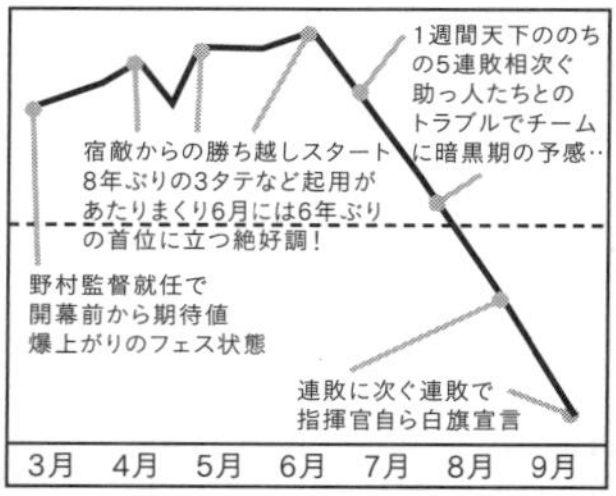
1週間天下ののちの5連敗相次ぐ助っ人たちとのトラブルでチームに暗黒期の予感…
宿敵からの勝ち越しスタート8年ぶりの3タテなど起用があたりまくり6月には6年ぶりの首位に立つ絶好調！
野村監督就任で開幕前から期待値爆上がりのフェス状態
連敗に次ぐ連敗で指揮官自ら白旗宣言
3月
4月
5月
6月
7月
8月
9月

1999年セ・リーグシーズン最終成績

順位	球団	勝	敗	分	勝率	ゲーム差
1	中日	81	54	0	.600	−
2	巨人	75	60	0	.556	6.0
3	横浜	71	64	0	.526	10.0
4	ヤクルト	66	69	0	.489	15.0
5	広島	57	78	0	.422	24.0
6	阪神	55	80	0	.407	26.0

ある種のラテン気質というか、これぞ大阪な開幕前、開幕直後のノリから一転、祭りの終わりはあまりにも早すぎた。「それでも楽しめたからヨシ！」という雰囲気もありそうな気がする。

1999年阪神タイガース主力メンバーと年間戦績

1999年野村阪神・ベストオーダー

打順		選手名	試合	安	本	点	率
1	右	坪井智哉	134	161	5	43	.304
2	二	和田 豊	101	101	3	23	.302
3	中	新庄剛志	123	120	14	58	.255
4	三	ブロワーズ	73	65	10	43	.251
5	一	ジョンソン	125	95	20	66	.253
6	遊	今岡 誠	128	115	6	39	.252
7	左	桧山進次郎	95	73	8	37	.256
8	捕	矢野輝弘	113	112	3	27	.304
9	代打	大豊泰昭	78	56	18	39	.341

1999年野村阪神・投手陣

選手名	登板	勝	敗	S	率
藪恵壹	28	6	16	0	3.95
メイ	18	6	7	0	4.25
川尻哲郎	18	3	5	0	4.52
伊藤敦規	59	6	1	1	3.21
遠山奬志	63	2	1	1	2.09
リベラ	29	1	1	12	0.70
福原 忍	45	10	7	9	4.09

4年連続助っ人選手がシーズン途中解雇。新人の福原がリリーフで10勝を挙げるも、エース薮は大きく負け越した。ジョンソンの20本塁打がチーム最多と長打力不足に泣き、得点490は12球団ワースト。それでも、阪神百貨店の初売り福袋があっという間に売り切れる“ノムさんフィーバー”に浪速の街は沸いた。

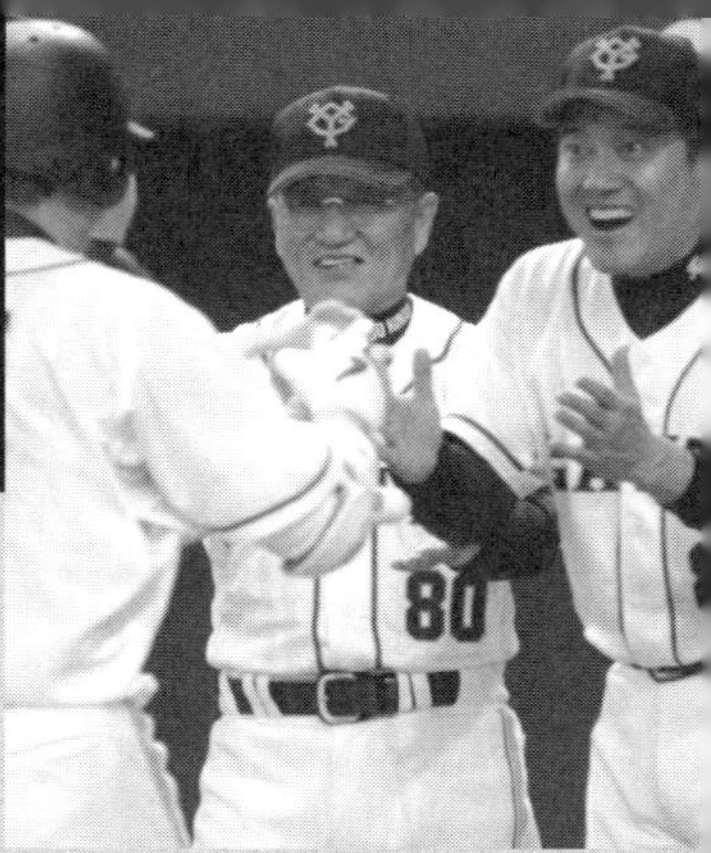

第3章

新時代のズンドコ&しくじりの旗手たち

～2000年代の章

2001-2006

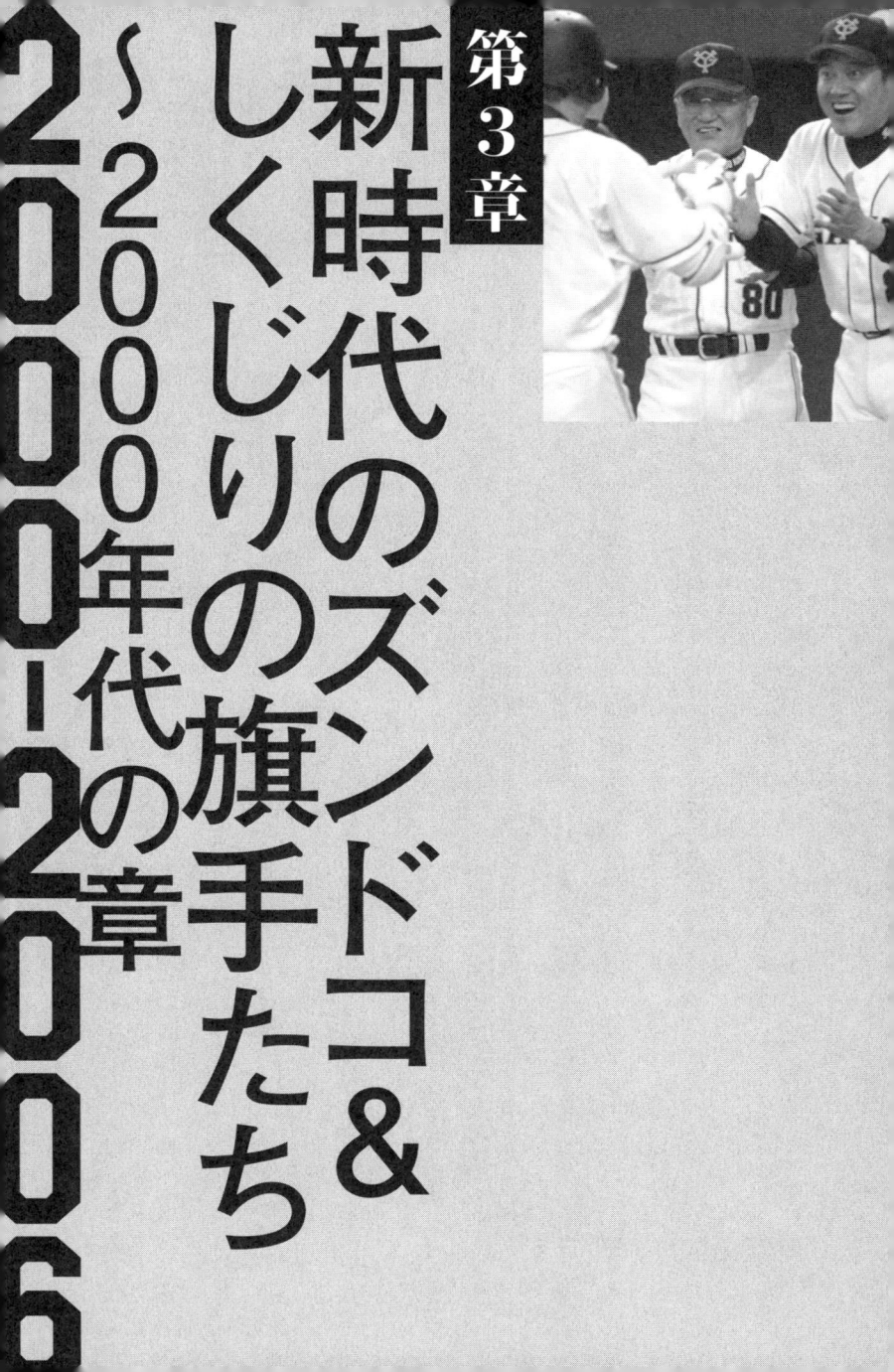

2000年の達川広島編

MDウォークマンのイヤホンからは、ハイスタンダードの『ステイゴールド』が流れていた。

1999年夏、運転免許合宿で徳島のド田舎に滞在中、毎晩のように自転車を30分こいで最寄りのコンビニへ急いだ。エロ本とキリンメッツと夜食のカップ麺を買うためだ。徳島は夜の七時、ビルやネオンひとつない限りなく濃紺に近いブルーの夜空に照らされながら、汗だくになってチャリをこぐ。己の未来や世紀末の恐怖の大王よりも、すぐそこにある『スーパー写真塾』の方が大事だった。俺はあの高揚感とほんの少しの罪悪感と『金ちゃん徳島らーめん』の味を死ぬまで忘れることはないだろう……って同じ頃、プロ野球界でも謎のラーメン革命を目論む男がいた。

「ラーメン屋に入って、醤油ラーメンというと、三分か五分でラーメンが何気なくすっと出て

2000年（平成12年）ってどんな年？

プレイステーション2発売。松本人志と中居正広共演のドラマ『伝説の教師』、主題歌はザ・ハイロウズ『青春』。木村拓哉と工藤静香が結婚。ペルージャ中田英寿がASローマへ移籍。新日本プロレス「橋本真也34歳小川直也に負けたら即引退スペシャル」。ダフトパンク『ONE MORE TIME』ヒット。

くる。ところがこの店の主人はこのラーメンを研究するために、日夜ぶっ続けでがんばっている。こういうチームに仕上げたいんですよ。我々も寝る間を惜しんで練習し、ファンの分からないところで相手を研究して、試合にはずっと勝つ」なんつって濃厚ズンドコ味の「カープラーメン理論」を就任会見でかましたのは、元祖たっちゃんこと達川光男新監督である（登録名は達川晃豊）。1年目の1999年シーズンは球団創立50周年の記念イヤーだったが、6月下旬からの13連敗もあり5位に低迷。オフにはたっちゃんの広島商の11年先輩で、監督を差し置いてミーティングを牛耳る〝鬼の大下〟と恐れられた大下剛史ヘッドコーチが退団した。

仕切り直しの1999年秋のドラフト会議では、1位で3球団競合の超高校級左腕・河内貴哉を引き当て、興奮した達川監督はニッコリ笑って、スーツの上着ポケットからお守りのたばこ〝ラッキー・ストライク〟を取り出すパフォーマンスをかまして大ハシャギ。直後のテレビインタビューでは、「大野（豊）の後継者として24番を用意しています。本人が絶対イヤと言えば話は別だけど……」なんて公開ラブコールを送り、ミレニアムの達川政権2年目へ向けて好スタートと思いきや、実のところチームは大きな問題を抱えていた。

不動の4番サード、江藤智のFA流失事件である。まだ28歳の若さで本塁打王2回、打点王1回の〝ほほえみバズーカ〟に対して、セ・リーグ各球団による仁義なき争奪戦が勃発。監督から注意されたことに腹を立て、受話器を握ると「オレ、阪神に獲ってもらえまへんか?」と勝手に阪神の吉田義男監督に電話をして個人間で移籍話を進めちゃう元近鉄のビッグワンこと鈴木啓示……とは対照的に、争いごとを好まず他人の悪口や文句を言わない温厚な性格の江藤は、悩んだ末に地元・東京の巨人軍でプレーすることを決断する。長嶋監督の背番号33を譲り受け、ミスター自身は栄光の3番を解禁。その争奪戦に敗れた阪神の野村克也監督はオープン戦で挨拶に来た江藤の頭をポカリと叩いて笑ってみせたが、出て行かれた側の達川監督の怒りは凄まじかった。

「あんなヤツなんか、いらんわ。ウチは江藤なんかいなくても十分、勝てるんじゃ。江藤、江藤って言うんじゃないわ! なんで今さら江藤のことばかり言うんじゃ。江藤に内角攻めをすれば文句を言われるし、(負ければ)江藤に(広島から)出られたことを言われる。たまらんわ」(週刊宝石2000年4月13日号)

キャンプからオープン戦を通して報道陣から、あまりに元4番についての聞かれることにプッツン。代役サードの新助っ人ジェフ・ボール(松田聖子の愛人ジェフ君とは別人)はまったく使いものにならず、「これじゃ、江藤のほうがマシじゃった。いかん! オレは江藤の名前は禁句にしとるんじゃった」と錯乱状態のたっちゃんであった。

ちなみに80年代は球界トップクラスの投手王国として知られたカープだったが、90年代は〝和製ビッグレッドマシン〟と称されるセ界屈指の猛打のチームへと変貌していた。江藤が抜けても、前田智徳、金本知憲、緒方孝市、野村謙二郎と強打者たちがズラリ。1997年からチーム防御率3年連続最下位という弱投もなんのその。打ち勝つ赤ヘル野球で巨大戦力の巨人に対抗した。ちなみに若手が住む大野寮は広島市内から約1時間ほど離れたところにあり、2年目の小山田保裕投手は「ジグソーパズルを買って、夜は必死になって組み立てています。小さなパズルを見ていると、雑念が消えて集中できるんですよ」なんて『週刊ベースボール』で告白。桜庭和志がホイス・グレイシーと激闘を繰り広げていた頃、小山田は2000ピースのあまりの大きさに断念して、1000ピースのパズルと格闘する日々だという。億のカネをもらいCMに出まくる松井秀喜や高橋由伸だけがプロ野球じゃない。「イガクリ坊主頭のオレは、なけなしの月給から、1皿130円のカレーを食べるのが唯一の楽しみだったのである」と自伝でルーキー時代の苦労話を語りながら、しれっと現役晩年はフグ代に3カ月で計300万円ぶっこんじゃう元近鉄のビッグワンこと鈴木啓示……は置いといて、小山田君の〝愛と青春のジグソーパズル〟こそ、もうひとつの球界のリアルだ。

そんな釈由美子好きの年俸1000万円のパズルボーイが、2000年開幕カードの宿敵巨人3連戦で、初戦から連続セーブを上げてみせた。東京ドームの三塁カープ側応援席では意外な「頑張れ江藤!」の横断幕も見られる中、4番に座る前田が上原浩治から中山美穂のNEC広告看板をかすめる130メートルの特大弾。ヒクソン・グレイシーから貰ったサインが宝物という5番金本にも一発が出て、2戦目は選手会長の3番緒方がガルベスからホームランを放ち、江藤の穴を感じさせない三役揃い踏みの連勝スタートだ。まさにたっちゃんのカープラーメン革命。日清から2000年を記念する、スチール缶に入った10年間保存できるカップヌードル「Timecan(タイムカン)」が発売されるミレニアム狂騒曲は終わらない。なんと4月の達川広島は15勝9敗1分けで首位爆走。開幕投手の佐々岡真司は怒涛の5連勝で前田とともに月間MVPに輝いた。

だが、タイムカンはのちに一部の製品において缶と缶蓋の結合部位に巻き締め不良があり自主回収されたように、未来のことなんて誰にも分からない。1991年以来のリーグVじゃけん、と思った矢先、4月30日から5月6日にかけて6連敗。3連勝と持ち直したと思ったら、再び6連敗。モーニング娘。主演映画『ピンチランナー』が公開された5月中旬には5位に転落するチームのピンチである。緒方が両ヒザ、野村が左太ももの肉離れと主力に故障者が続出。

ついでに木下富雄コーチの顔面に練習中の打球が直撃して、右頬骨骨折のアクシデント。球団は開幕1カ月でカンバーランドとボールの投打の格安ズンドコ助っ人をあっさり解雇して、過去に打点王経験もあるルイス・ロペスを復帰させた。6月はロペス効果で11勝8敗と勝ち越し、2位争いに踏み止まるも、緒方が右ヒザと右足首の手術を受け今季絶望。7月26日には野村が再び戦線離脱。同日に頼みの前田も左アキレス腱を痛め抹消され、27日に手術を受けた。この緒方、野村、前田の主軸トリオは8月末にリハビリのため揃って渡米して、ジ・エンド。タフガイ右腕ミンチーが投げまくり、カープ四天王のうち残された金本はトリプルスリーを射程圏内にとらえひとり気を吐くも、すでにペナントは長嶋巨人の独走状態に突入していた。

「ひと月でもいいから何とかくらいつきたかった。少しの間でも首位争いの中で戦えたら、選手にも自信になる。ウチは投手もおらんし、争いから脱落して他球団から見下ろされて戦うと、このチームは弱い。だからひと月にかけた」（週刊文春2000年7月20日号）

まるでシーズン総括のような敗戦の弁だが、これは前半戦真っ只中の達川コメントである。西田真二打撃コーチも終盤には長嶋巨人の豪華布陣に「やっぱりドリームチームは強いよ」と感心する始末。「マジック・ジョンソンが清原で、ラリー・バードが高橋由伸。そして、マイケル・ジョーダンが松井かな。ほかにも江藤やマルティネスがいる。まるでオールスターだよ」なんつって白旗だ。

しかし、皮肉にも主力ベテラン勢の欠場で夏場には優勝争いからも大きく後退したこともあり、出場機会を得た若手選手たちが躍動する。後半戦はスタメン起用が増えた〝広島のタッキー〟(まったく定着せず)こと2年目の新井貴浩は、9月6日の巨人戦で2本塁打。達川監督も「これまでは宝クジのように10回に1回しか当たりがなかったが、今は3回に1回くらいになってる」と手応えを口にした。慣れない三塁守備はエラーも多かったが、高卒2年目ショートの東出輝裕は「僕と新井さんの三遊間はデンジャラス・ゾーンですから」とニヤリ。ルーキー左腕の河内貴哉はフレッシュ球宴のMVP獲得に続き、ゲームの肖像権料が8月中旬に振り込まれ、「20万円も入っていたんですよ。(小遣いが)毎月5万円なので、20万円は大きいですよ」と妙に生々しい金額をカミングアウト。正直、巨人のように大型補強ができる財力はない。それでも伝統の猛練習に耐えた若い才能が着実に育っていた。

Bクラスが定位置となり、さえない表情の達川監督は9月7日、全体練習が行われた横浜球場で、「勝とうと思っているし、選手も一生懸命やっている。それで最下位になれば、謙虚にその事実を受け止めるしかない。ただ、自分から『辞める』と言うつもりはない」と己の去就に初めて言及したが、前日に巨人にサヨナラ負けを喫して借金はシーズンワーストの10にまで膨れ上がった。中国新聞が広島ファンを対象に行ったアンケートでも、「投手をコロコロ代えすぎる」「選手の使い方が下手」と不満爆発。9月23日のヤクルト戦が雨天中止になった神宮球場で、球団は達川監督の今季限りでの退団を発表する。翌24日、巨人は中日戦で4点ビハインドの9回裏に江藤が劇的な同点32号満塁アーチ。狂乱状態の東京ドームで、続く二岡智宏のサヨナラ弾が飛び出し20世紀最後のVを決めた。直後に達川監督は「もう、これで新聞に名前が出ることはないだろう。最後はオーナー報告の時かな。それ以降は、そっとしといてほしいよ」なんて弱音をポロリ。チームは3年連続5位に終わり、翌年からの山本浩二監督の現場復帰も発表され、たっちゃんは心身ともに疲弊していた。

それでも前年より8勝を上積みした65勝70敗1分けでフィニッシュ。チーム150本塁打は、ダイエーとのONシリーズを制して日本一に輝いた長嶋巨人の203発に続くリーグ2位。故障者続出ながらも、〝ビッグレッドマシン〟の意地を見せた。なお、自己最多の92試合に出場して16本塁打の新井貴浩は、東出とともに居残り特訓で徹底的に鍛えられ、他の選手が帰るのを横目に「なんでオレたちばかり……」と愚痴り合う日々だったという。入団時、ただデカいだけと揶揄《やゆ》されたドラフト6位の叩き上げは、のちにFAで広島を飛び出すも、38歳で出戻り、カープの25年ぶりの優勝に貢献。通算2000安打も達成した。

20世紀の終わり頃、わずか2年で幕を閉じた達川政権。そこでデビューしたあの新井さんが、2023年からはカープの一軍監督を務めている。平成のたっちゃんから、令和のタッキーへ。25年前に作られた、カープラーメンのタイムカンは決して腐っちゃいなかったのである。

2000年広島東洋カープ主力メンバーと年間戦績

2000年達川広島・ベストオーダー

打順		選手名	試合	安	本	点	率
1	二	木村 拓也	136	165	10	30	.288
2	遊	東出 輝裕	119	112	3	28	.261
3	中	浅井 樹	112	74	13	46	.300
4	右	前田 智徳	79	62	13	44	.237
5	左	金本 知憲	136	156	30	90	.315
6	一	ロペス	93	110	20	88	.313
7	三	新井 貴浩	92	51	16	35	.245
8	捕	西山 秀二	94	56	6	33	.221
9	代打	町田 康嗣郎	102	73	13	34	.281

2000年達川広島・投手陣

選手名	登板	勝	敗	S	率
ミンチー	31	12	10	0	3.49
佐々岡 真司	21	10	6	0	3.97
黒田 博樹	29	9	6	0	4.31
高橋 健	50	5	9	4	3.93
山崎 健	27	6	2	3	4.50
山崎 慎太郎	25	2	2	6	5.11
河野 昌人	46	4	5	9	4.52

金本が「3割30本30盗塁」のトリプルスリー達成。"広島のキムタク"こと木村拓也がレギュラーを掴む。投手陣はミンチーがセ最多の31先発、佐々岡は二ケタ勝利も夏場に一時離脱。前年36発の緒方がわずか3本塁打、野村は2本塁打に終わるなど主力の故障に悩まされた。

2000年の達川広島・ズンドコグラフ

年間推移&精神収支

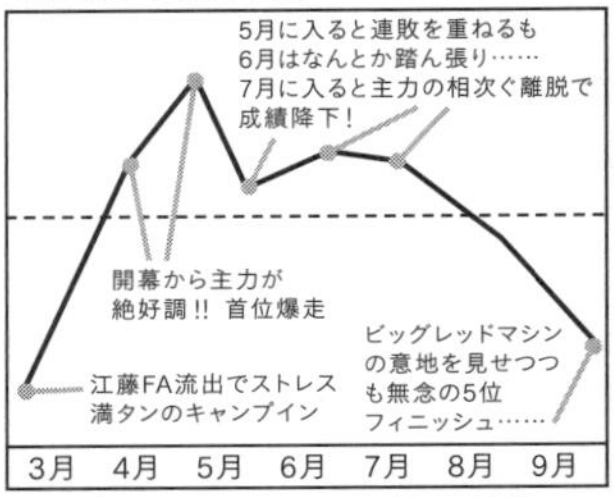

5月に入ると連敗を重ねるも
6月はなんとか踏ん張り……
7月に入ると主力の相次ぐ離脱で
成績降下！
開幕から主力が
絶好調 !! 首位爆走
ビッグレッドマシン
の意地を見せつつ
も無念の5位
フィニッシュ……
江藤FA流出でストレス
満タンのキャンプイン
3月
4月
5月
6月
7月
8月
9月

2000年セ・リーグシーズン最終成績

順位	球団	勝	敗	分	勝率	ゲーム差
1	巨人	78	57	0	.578	ー
2	中日	70	65	0	.519	8.0
3	横浜	69	66	1	.511	9.0
4	ヤクルト	66	69	1	.489	12.0
5	広島	65	70	1	.481	13.0
6	阪神	57	78	1	.422	21.0

江藤の流出があったとはいえ、特に打線は一線級の戦力。しかし、中盤以降はケガによる離脱者に泣かされた。時折見せる冷静な判断を失くした裏にあったのは「江藤を失った」というその心の傷であったかもしれない。

2003年の山下横浜編

「キティちゃんのゲームボーイを見つけた時は『カワイ〜』と思って♪胸がキュルルン♪となりました。ちなみにそのゲームボーイ（アドバンス）はGetしましたよ!!」

松浦亜弥のめっちゃホリディなコメントが紹介される2002年のゲーム雑誌『コンティニュー』での特集企画のひとつが、「ジョン・カビラ登場！『ウイニングイレブン』大特集」である。フォルネンダー、バーチャット、ミナンダ、カストロ、ホイレンス、いやいや最強はエスピマスのロングシュートでしょ……なんつってある時期、彼らは日本で最も有名なサッカー選手だった。ウイイレの自チームを作るマスターリーグモードの初期架空メンバーたちである。2000年代前半、サッカー日韓W杯前後は未曾有のサッカーバブルで、プレステ2の

2003年（平成15年）ってどんな年？

三沢光晴と蝶野正洋がドリームタッグ結成。ボブ・サップCDデビュー『SAPP Time!』SMAP『世界に一つだけの花』。はなわ『佐賀県』。映画『キル・ビル』。ドラマ『ウォーターボーイズ』。六本木ヒルズ開業。星野阪神18年ぶりのリーグV。王ダイエー日本一。巨人原辰徳監督「読売グループ内の人事異動」で辞任。

ウイイレも新作を出せば100万本を売り上げる大人気シリーズとして君臨。あの頃、誰かの部屋に集まれば、あややの歌が流れ、朝までウイイレやってマクドナルドの59円ハンバーガーを貪り食った。

テレビをつければ巨人戦が世間の共通言語だった時代は終わり、サッカー日本代表戦が〝国民的娯楽〟のポジションに。野球とともに人生を生きてきたおじさんたちからしたら当然気分は良くない。「ベッカム？　なんぼのもんや。うちの藤本（敦士）や井川（慶）の方がいい顔してる」と阪神の星野仙一監督は吼え、雑誌『野球批評』の表紙コピーは、ド直球すぎる「サッカーはガキが見るもんだ」でファイナルアンサー。その中で報じられるのが、「TVメディア初！TBSが横浜ベイスターズのオーナーに」だった。マルハ（旧・大洋漁業）から、メディア企業のTBSへ筆頭株主が代わる球団譲渡。BSデジタル放送での試合完全中継や主力選手出演の「ブームアップビデオ」が制作されるなど21世紀型の球団経営が期待された。だが、2002年のベイスターズは8年ぶりの最下位に沈み、途中休養した森祇晶監督に代わり、オフには山下大輔新監督の就任を発表。慶応大出身のドラフト1位の生え抜きスターで、入寮時に会社経営者の父のベンツで布団を運んだ筋金入りのお坊ちゃんの復帰に球団も大型補強で応える。手薄な先発陣の柱にFAでダイエーから若田部健一（元HKT48若田部遥の父）を獲得。

さらにペタジーニの争奪戦こそ巨人に敗れるが、代役には前年メジャーで16本塁打を放った大物スティーブ・コックスを年俸3億円以上の破格の好条件で連れて来た。横浜スタジアムも新人工芝フィールドターフに全面張り替えられ、新球団社長の峰岸進は『8時だヨ!全員集合』のディレクターを務めた経歴を持つ元敏腕テレビマンで、「ハマスタに全員集合!」の準備は着々と進んでいるかのように思われた。

「私の頭のようになって欲しい。毛が(怪我)なく、明るく、輝いて欲しい」

往年のイケメン遊撃手大ちゃんも時の流れとともにすっかり禿げ上がったおじさんに変貌、自らのハゲ頭をネタにする自虐ギャグを連発してチームの雰囲気を明るくしようと務めた。2003年の春季キャンプでは、山下監督と親しいサッカー評論家のセルジオ越後が選手を前に講演を行い、〝マシンガン打線〟に替わる新名称「大ちゃんス打線」を命名。当時の『週刊ベースボール』によると、「大ちゃん」と「チャンス」を引っ掛けたセルジオ案を山下監督も気に入り、その場で採用を決め、「今年の結果次第では、ロイヤリティー(夜の酒席)を払わないといけないかもしれないね」なんて大喜び。さらに期待の若田部の投球を見ると「若田部もわかったべ」と謎の絶賛。助っ人投手クリス・ホルトの投球には「ホルトがほうると」なんつってご満悦。く、くるしい。読んでるあなたも書いてる俺も戦闘力たったの5か……と早くも気づいてしまう大ちゃんギャグのバーゲンセール。絶対に負けてしまう戦いがそこにはあった。

それでも2003年3月28日、開幕の阪神戦を4対2で制して山下体制初勝利スタート。この試合の9回から三塁守備固めとして公式戦デビューしたのが、ルーキーの村田修一だった。愛称は〝男・村田〟で日大時代は4回ぐらい二日酔いで試合に出たという九州男児は、オープン戦では打率・130に終わるも開幕するなりホームランを連発。4月14日時点で10安打中5本が本塁打の固め打ちで〝新怪童〟と恐れられ、キャンプで素振りやノックではなく、UFOキャッチャーにドハマりして汗を流した同い年の古木克明との若き和製大砲コンビはハマの新名物と話題になる。さらに年俸3億2000万円の現役メジャーリーガーのコックスは右ヒザ負傷で開幕二軍スタートも、年俸5000万円で契約した無名の怪力助っ人が超特大アーチを連発して話題をさらう。韓国球界から横浜に流れ着いたタイロン・ウッズである。規格外のパワーで4月27日には、巨人のエース上原浩治から、左中間場外に立つ照明塔の支柱の間を通り抜け、横浜公園内の木にぶつかるハマスタ史上最長アーチをかっ飛ばす。ウッズは5月に10本塁打を放ち月間MVPを獲得。セ・リーグのホームランキング争いを牽引した。

村田、古木、ウッズと破壊力満点の「大ちゃんス打線」。4月24日現在、チーム本塁打33は12球団トップ。そして、防御率5・11は12球団最悪。ってあれ？　えっ？　投壊状態で攻撃偏重の守備もザル。開幕戦に勝ったあとは6連敗。そのあとも9連敗と凄まじい勢いで負けまくり、4月末で5勝20敗の最下位。壊滅的な先発陣の中でひとり気を吐く助っ人右腕のドミンゴはバットを持つと18打席連続三振の世界新記録を樹立。三振を獲るのではなく自らする。そんな逆二刀流男がセ界を震撼させた。ちなみに現在もネットスラングで広く使われる語尾の「ンゴ」は、ドミンゴが打たれて「ンゴーー！」と巨大掲示板で盛り上がったのが元ネタである。

ってか横浜弱いンゴねぇ。同年パ・リーグ最下位のオリックスはわずか20試合で石毛宏典監督を解任しており、山下監督は「明日は我が身じゃないけど、悪ければしょうがない」とうめいたが、チームリーダーの石井琢朗が左手首ねんざ、エースの斎藤隆は右臀部付近の違和感で早々に登録抹消。開幕48試合目の5月28日の阪神戦に敗れ借金は20に到達。勝率2割台に低迷したチームは、早くも自力Vが消滅した。ってあまりの弱さにナチュラルに書いちゃったけどまだ5月なのに早すぎだよっ！　数少ない明るい話題は、怪力ウッズの場外アーチ対策で、横浜スタジアムの場外にも警備員を配置して事故防止に努めるウッズシフト爆誕。92試合を残し早くも消化試合状態の異様なペナントで、6月11日の広島戦ではベンチ入り捕手3人を含む、13人の野手を総動員させて臨むも4対5と1点差の惜敗。12球団一番乗りのシーズン40敗目を喫した。この年、優勝する星野阪神に滅法弱く、開幕戦に勝った後は怒涛の同一カード16連敗と完全にカモにされた。阪神戦のあとショックでベンチから立ち上がれず呆然と虚空を見つめる選手たち……。

1961年の近鉄が残した伝説の年間103敗のプロ野球記録を更新するのではと囁かれる中、7月6日には江藤省三ヘッドコーチと二軍の湘南シーレックスの日野茂監督の入れ替えを発表。ついでにオールスター戦の監督推薦で「横浜からは核弾頭（金城龍彦）とホームランキング（ウッズ）を選びました！」と巨人原辰徳監督が空気を読まず自信満々に発表。なお、大型契約で中日入りするも、故障で登板できない川崎憲次郎に対する嫌がらせ投票「川崎祭」が問題になったのもこの年のことだった。以前はテレビの前で「アイツなにやってんだよ」と見えないところでディスっていたのが、インターネットの普及により悪意が可視化してしまったわけだ。8月にはフジテレビ『水10！・ワンナイ』の通販番組をパロディしたコントで、ダイエー王貞治監督の顔の模型を便器に入れて「王シュレット」と紹介したことから放送後に苦情が殺到する大問題に発展。この年から松井秀喜がヤンキースでプレーしており、メジャーリーグ人気やサッカーバブルに押され、メディアの中のプロ野球は発信する側も時代の変化についていけず次第にガラパゴス化していく。

こうして山下横浜は9月7日の阪神戦に完敗すると36勝85敗、勝率・298で19試合を残して最下位が決まった。二軍の湘南シーレックスは初Vに向けて戦っていたが、一軍がボロ負けなのにファームが優勝してしまったらマズイと戦力を削られる有様で、「全力投球を、誓います。」と大々的に広告展開したTBSもイメージアップどころかイメージダウンしちゃう意味不明な球界の洗礼。「神戸サブグラウンドでの試合前、球場のトイレで彼と会った僕は、イチローに『足を上げて打ってみたら』と言ったんです。イチローがまだ『振り子打法』をやっていない頃です。振り子打法の生みの親は実は僕ですって言ったら言い過ぎですかね」とマジそんなわけない話を自著『ｎｏｒｉの決断』でかます元近鉄の四番バッター中村紀洋くらい意味が分からない大惨敗だ。

ただ、ボロ負けの中にも光はあった。「君たち。昨日の試合はよく粘ってくれた。おかげで私の頭に髪の毛が一本生えてきた」と言ってのける大ちゃんのハゲ頭はもちろん、男・村田は7月に二軍落ちするが、一軍復帰後に9月だけで10本塁打を放ち、新人の月間ホームラン記録を更新。28日に死球を受け、右手尺骨骨折でシーズンを終えるも25本塁打を放ってみせた。そしてウッズは40本塁打でラミレス（ヤクルト）とホームランキングを分け合った。

最終成績は45勝94敗1分、勝率・324。なんとか年間100敗は阻止したものの、首位阪神には42・5ゲーム差をつけられる最下位で、巨人に次ぐリーグ2位の192本塁打を放つも、チーム防御率4・80はもちろんセ界ワースト。シーズン終了報告のためTBS本社を訪れた山下監督は、砂原幸雄オーナーから「仲良しクラブになっているのでは」とド正論で糾弾される。そして、すかさずニューヨーク・メッツの新庄剛志の獲得にチャレンジだ……って、この悲壮感のなさはなんなのだろうか。これだけ負けまくってもどこか軽い。横浜の暗黒期に迫った名著『4522敗の記憶』（村瀬秀信／双葉文庫）でも、不思議とこの2003年から2004年あたりだけ暗さや重さがほとんどないのだ。ポップなズンドコ。大ちゃんス打線に涙はいらない。

なお、ディフェンス無視で二塁起用してまで育てた村田修一は、数年後に2年連続ホームラン王に輝くリーグを代表するスラッガーへと成長。投壊の責任を取らされた森繁和投手コーチは03年限りで退団後、中日の落合博満新監督に誘われ、名古屋で名伯楽へ大出世。ベテラン捕手の中嶋聡は構想外となり日本ハムへ金銭トレードされるが、のちにオリックスでV3を達成して令和の名将へと成り上がっていく。

まさに男たちの野球人生は山下横浜の卒業生らしく、「毛が（怪我）なく、明るく、輝いた」のである。

2003年横浜ベイスターズ主力メンバーと年間戦績

2003年山下横浜・ベストオーダー

打順		選手名	試合	安	本	点	率
1	中	金城 龍彦	136	166	16	40	.302
2	遊	石井 啄朗	115	96	6	26	.231
3	右	多村 仁	91	71	18	46	.293
4	一	ウッズ	136	131	40	87	.273
5	左	鈴木 尚典	133	153	19	57	.311
6	二	村田 修一	104	74	25	56	.224
7	三	古木 克明	125	73	22	37	.208
8	捕	中村 武志	79	56	11	37	.268
9	代打	佐伯 貴弘	104	73	11	41	.272

2003年山下横浜・投手陣

選手名	登板	勝	敗	S	率
ドミンゴ	25	8	12	0	4.69
ホルト	24	5	14	0	4.55
川村 丈夫	19	5	7	0	4.78
斎藤 隆	17	6	7	0	4.18
吉見 祐治	17	3	10	0	8.38
加藤 武治	44	4	2	5	2.77
ギャラード	13	0	1	8	2.19

26年ぶりの2年連続最下位。FA移籍の若田部が未勝利に終わり、右ヒジ手術明けの三浦も5勝止まり。コックスはヒット1本3000万円伝説を残して解雇。一方でウッズは2005年の中日移籍後も活躍してNPB通算240本塁打。村田、多村、内川、吉村、古木（のちに格闘家へ転身）と若手野手に逸材揃いなのが救いではあった。

2003年の山下横浜・ズンドコグラフ

年間推移&精神収支

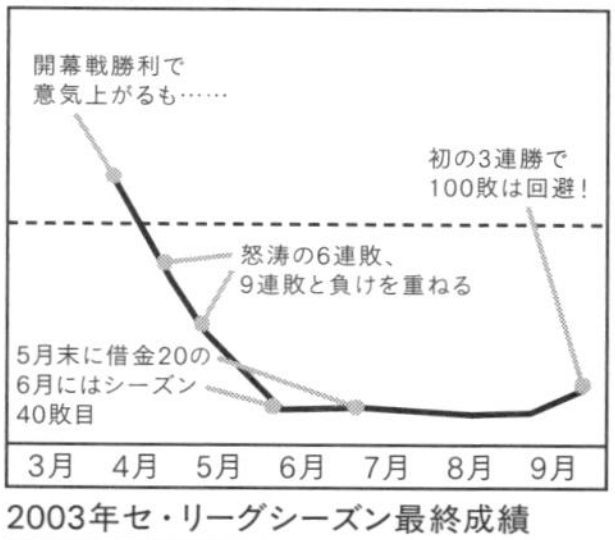
開幕戦勝利で
意気上がるも……
初の3連勝で
100敗は回避！
怒涛の6連敗、
9連敗と負けを重ねる
5月末に借金20の
6月にはシーズン
40敗目
3月
4月
5月
6月
7月
8月
9月

2003年セ・リーグシーズン最終成績

順位	球団	勝	敗	分	勝率	ゲーム差
1	阪神	87	51	2	.630	―
2	中日	73	66	1	.525	14.5
3	巨人	71	66	3	.518	15.5
4	ヤクルト	71	66	3	.518	15.5
5	広島	67	71	2	.486	20.0
6	横浜ベイ	45	94	1	.324	42.5

ハマの男たちはどこか飄々と負けていく。真剣に見ていけば目もあてられない凄まじい成績ではあるが“大ちゃん”指揮下のこの年は銃弾を浴び続けていても気づかない、そんなさらっとした1年だった。

2003年の石毛オリックス編

あの夏、イチロー対松坂大輔を見たかった。

だって背番号51のメジャー移籍はすでに秒読み段階だったから。2000年8月5日、大阪芸大生の俺はグリーンスタジアム神戸のオリックス対西武のチケットを買っていた……んだけど、結局ひとり観戦をドタキャンした。松坂は前日の4日に先発しちゃって12奪三振の2失点完投勝利のニアミス。さらに5日は大阪の南港でサマーソニックが開催されたから。この年が初めての東京・大阪同時開催の音楽フェスだったこともあり、あらゆる運営が杜撰で初っ端のMONGOL800から修羅場だった。砂利の上に強引に設置されたステージ前のモッシュピットは、一瞬で砂埃が立ちこめ何も見えなくなり、異様に息苦しい。顔面真っ黒なキッズたちはすぐさまWTCビル内のコンビニへマスクを買いに走り、みんな季節外れのマスクをつけタオルを頭に巻いて、汗と砂にまみれながら平成の学生運動のようなテンションでダイブを繰り返した。でも、不思議なことに当時の音楽雑誌では、東京会場リポー

2003年（平成15年）ってどんな年？

横綱貴乃花が引退。ファミコン発売20周年。t.A.T.u.のMステドタキャン騒動。インリン・オブ・ジョイトイ旋風。シュワルツェネッガーがカリフォルニア州知事に。ミスターレッズ福田正博引退会見。小橋健太が三沢光晴を破りGHCヘビー級王座に。ソニン『合コン後のファミレスにて』。

トばかりで南港のカオスはほとんど報じられることはなかった。そう、まるでイチローがシアトルへ去った後のオリックスブルーウェーブのように、メディアから無視されたのである。

2000年シーズンオフ、ポスティング譲渡金14億円と引き換えに球界の顔イチローを失ったオリックスは、翌2001年オフも主力外野手の田口壮がFAでカージナルスへ。さらに〝仰木マジック〟で知られる仰木彬監督は退任した。90年代中盤、「がんばろうKOBE」で日本中の注目を集めたあのブルーウェーブはほとんど解体されてしまったのだ。それに伴いメディアからオリックスの情報はほとんど消えた。

だって、みんなイチローがいなくなったあとのオリックスで柔道金メダリストの田村亮子と谷佳知の結婚以外でなにか覚えてる？　パリでの挙式で相手の呼び名を聞かれて「ヨシ君から佳知さんにします」ってYAWARAちゃんの世紀のおのろけトーク以外になにかネタある？

2002年のオリックスはダイエー二軍監督時代に選手同士のじゃんけんでスタメンを決めていた石毛宏典を新監督に招聘するも、球団史上最低勝率．365の最下位で首位西武とは39ゲーム差をつけられたこと知ってる？　ゴメン、俺も左右両打席アーチのセギノールより、日韓ワールドカップのナイジェリア代表オコチャに夢中だった。だから今こそ、光が当たらなくてもその仕事に情熱を燃やしたプロジェクトXより、光が当たらないズンドコベースボールに邁進したプロジェクトオリックスを振り返る時だ。

今宵は「2003年石毛の旅」にお付き合いいただこう。前年、最下位チームで4勝9敗にもかかわらず、防御率2・50で最優秀防御率のタイトルに輝いた金田政彦は、契約更改で年俸5000万円から倍増の1億円を狙ったが、2000万円増の推定7000万円の提示に「寂しい……。一体、僕はいくらでしょう?」と涙を浮かべた。4勝で倍増狙いも無謀な気もするが、2002年のオリックスの1試合平均得点3・13はパ・リーグがDH制になった1975年以降最悪の数字で、2点以下の試合が実に70試合という歴史的貧打に悩まされた。なんとか得点力不足を解消しようと、ヤンキースへ移籍する松井秀喜を意識して「セ・パの四番がともに海を渡って、ニューヨークで勝負を付けるのもいいかな」なんてマジわけのわからないことを口走りながらメッツ移籍をドタキャンした近鉄の四番バッター中村ノリさんではなく、トレードで中日時代に松井とホームラン王争いを繰り広げた通算185本塁打の山﨑武司を獲得。投手陣も元エクスポズの吉井理人に先発ローテ確約をチラつかせ争奪戦を制し、ドラフト2巡目で指名した前ロイヤルズのマック鈴木には「メジャーでの実績があるし外国人選手扱いする」と3年総額4億円の異例の好条件を提示と最下位脱出に向けて、積極的に補強した。かと思えば、ドラフト下位指名選手たちへの「契約金0円」も話題に。100万円ほどの支度金、1軍登録日に合わせて最高2000万円の出来高が支給されたが、選手には指名してから「契約金はゼロです」と伝える非情の提示は物議を醸した。さらにグリーンスタジアム神戸は、日本球界で初めて施設命名権（ネーミングライツ）を売り出し、2年2億円でソフトバンクグループと契約。「YAHOO!BBスタジアム」に名称変更される。イチローを売り、グリーンスタジアム神戸の名前も売った。2年後には球団合併でブルーウェーブの名前も消えることになる。

さて、逆襲を誓う2年目の石毛監督は、宮古島キャンプではマウンテンバイクを立ちこぎして精力的に各練習場を見て回り、室内練習場では自ら打撃投手を務め、ナインのキャッチボール中にダッシュを繰り返した。46歳にして、オリックス全選手の平均14％を下回る13・2％の体脂肪率を記録し、「まだまだオレもアスリート体型だな」なんつってご満悦。いや監督として頑張るところが違う気も……と突っ込む間もなく、マック鈴木が紅白戦登板後に右ふくらはぎ肉離れでリタイア。ちなみに石毛は西武黄金時代のチームリーダーで、現役時代から将来は幹部候補生と言われた人材だった。しかし、名選手は名監督ならず……。移籍組の山﨑はオリックスでの初練習に驚愕する。

「なんじゃ、この練習は？　って思った。そりゃ、弱いはずだわ。たるかったんですよ、練習がね。パ・リーグって、こんなにぬるいの？　って。星野（仙一）さんの下で、ピリピリのキャンプをやっていたからね。オリックスは、ホントにぬるぬるだった。低迷期に入ったからかな、やっぱり選手個々に負け犬根性がついていたよね」（オリックスはなぜ優勝できたのか／喜瀬雅則／光文社新書）

ぬるぬるキャンプに加えて、3月の神戸は記録的な寒波に見舞われ、小雪が舞う中でオープン戦が行われた。石毛監督も「キャンプは600点をつけたけどオープン戦は10点」とわけのわからない自虐採点をつけ、3勝10敗1分、勝率・231で2年連続のオープン戦最下位。最後は7連敗で不穏な空気のまま開幕へ。案の定、昨年の開幕6連敗をトレースするかのような開幕4連敗を喫する最悪のスタートだ。4月1日、本拠地での西武戦でシーズン初勝利を挙げるも、「最後は選手に祈るしかなかった。選手もベンチも必死だった」と石毛監督はすでに崖っぷち状態。その直後また3連敗と今年もダメな感じが漂った直後に、事件が起こる。

シーズンが始まってまだ20試合。7勝12敗1分、勝率・368の最下位という状況で、4月23日の札幌での西武戦後、石毛監督は電撃解任されるのである。昨年の覇者西武に22日は8対7、23日に5対4と連勝するも、チームが千葉から札幌へ移動した20日夜には球団からクビを言い渡されていたという。４月での監督更迭は１９８４年のヤクルト武上四郎監督以来19年ぶりの非情の決断。「続けたかった。残念です……」と指揮官は涙をにじませて、２００３年石毛の旅は唐突に終わりを告げた。って早いよ！　早すぎだよ！　岡添裕球団社長は「まだ優勝を狙える今しかないと決断した」とありきたりの理由を語るも、どう考えても優勝どころかAクラス入りも厳しい先発ローテ死亡遊戯の投手陣であった。

後任監督はレオン・リー打撃コーチが務め、４月28日の近鉄戦で就任3試合目の初勝利。ロッテ、大洋、ヤクルトと10年も日本でプレーしたレオンのカラオケ十八番は谷村新司の『昴』。だが、ボスが変わろうと5月は5勝16敗、6月も6勝15敗と破竹の勢いで負けまくる青波軍団。二軍のサーパス神戸も投壊でウエスタン最下位に低迷する中、６月8日には球団が「その役割を果たしていないと判断した」とド直球で中尾孝義ヘッド兼バッテリーコーチの解任を発表。「石毛監督が解任されたあとは自分の番かなと思っていた。もちろん悔しい」と中尾ヘッドもチームを去った。二軍監督の中沢伸二を一軍ヘッドコーチに迎える新体制も、チーム状況は悪化の一途で、6月17日のダイエー戦では〝ダイハード打線〟の餌食となり、球団ワーストタイ記録の21失点。6月22日の西武戦に敗れると、日曜日は22連敗という悲惨さイナズマ級のブラックサンデー状態。「日曜だけバリー・ボンズが来てくれないかね。22？　シンジラレナイヨ」なんつってレオン監督は嘆いた。

だが、気温の上昇とともにチーム状態もわずかに上向き、7月は10勝9敗1分けと初の月間勝ち越し。後半戦はいけるかもという淡い期待をぶち壊したのは7月27日の福岡の悲劇だ。敵地でのダイエー戦でベンチ入り投手8名をつぎ込みながら、被安打は日本記録の32、失点は球団ワーストの26という大惨敗を喫する。8月16日には本拠地の西武戦で5回に打者13人の攻撃を浴び10失点。1イニングニケタ失点はシーズン三度目の屈辱だった。そして、8月24日の近鉄戦に完封負けを喫すると、34勝69敗4分となり球団史上最速の107試合目でのシーズン負け越しが決まる。レオン監督も「防御率6点台の投手陣で、今から30連勝するのは無理」とお手上げ状態。もう書くのも読むのもツライよっ！　なんて泣きを入れたくなる9月14日のダイエー戦では年間4度目の1試合20失点のプロ野球ワースト記録を更新。同時に通算自責点が720となり、こちらも1980年南海のパ・リーグワーストを塗り替えた。もうどうにも止まらない。9月19日のロッテ戦でチーム被安打数が1398本となり、シーズン最多被安打のプロ野球新記録だ。息を吐くように点を取られ続けるNPB史上最弱の投手陣。優勝マジック2のダイエーがヤフーBBスタジアムに乗り込んできた9月27日、12対11の乱打戦を制しての延長サヨナラ勝ちで、王監督の胴上げ阻止がせめてもの意地だった。

終わってみれば48勝88敗4分け、勝率．353で前年に続き最下位。レオン監督の勝率．350は石毛監督の勝率．368をも下回った。場当たり人事でチームを混乱させた責任を取り、9月3日には岡添社長も解任されていた。強いとか弱いを超越して、ツライ。とにかくツライ1年である。ヨシ君こと谷佳知がパ・リーグ右打者最多安打を更新する189安打を放ち、オープン戦打率が0割台の新助っ人オーティズも徐々に適応して33本塁打。チーム打率．276はリーグ2位、174本塁打も3位と前年まったく打てなかった打線は改善されたが、あまりの弱投の前には1秒も目立たず。あらためてその数字を見るとまさに歴史的な投壊ぶりだ。NPB史上最低のチーム防御率5．95、年間最多被安打1534、年間最多失点927、年間最多自責点819という数々の伝説を残し、10月7日には伊原春樹新監督が誕生。レオン前監督は打撃コーチとして残留が決まるが、翌2004年も3年連続の最下位に低迷。さらに近鉄との合併騒動で球界再編へ。この時、近鉄側の巨額の赤字ばかりが強調されるが、実はオリックス側も完全に手詰まり状態だったのである。

なにがツライって、当時これだけ弱くても、どん底から這い上がるプロジェクトオリックスはほとんど世間からは黙殺されていたことだ。ヤンキース1年目の松井秀喜やサッカー日本代表がメディアの注目を一心に集め、巨人戦ですら視聴率が急落する中、オリックスの情報はほとんど世に出なかった。

　さらば、愛しき危険なブルーウェーブ。プロ野球は野次られて笑われているうちが花。いつの時代も、無視されるズンドコほど切ないものはない——。

2003年オリックス主力メンバーと年間戦績

2003年石毛オリックス・ベストオーダー

打順		選手名	試合	安	本	点	率
1	一	塩谷 和彦	123	134	8	46	.307
2	三	大島 公一	109	105	0	20	.285
3	中	谷 佳知	137	189	21	92	.350
4	左	ブラウン	128	148	28	93	.307
5	二	オーティズ	127	120	33	86	.255
6	DH	山﨑 武司	110	83	22	68	.232
7	右	葛城 育郎	114	71	9	30	.251
8	捕	日高 剛	118	86	9	37	.268
9	遊	後藤 光尊	99	85	9	29	.267

2003年石毛オリックス・投手陣

選手名	登板	勝	敗	S	率
ク・デソン	19	6	8	0	4.99
小倉 恒	51	4	13	7	4.52
本柳 和也	40	5	2	0	4.64
マック鈴木	29	4	9	1	7.06
吉井 理人	24	2	7	1	6.51
牧野 塁	49	2	7	0	5.05
加藤 大輔	43	4	4	9	5.17

歴史的な弱投であらゆるワースト記録を塗り替え阪急時代含め初の2年連続最下位。チーム最多勝がク・デソンの6勝は1970年のヤクルト以来で33年ぶり。優勝したダイエー打線のカモにされカード防御率は7.92。前年8月から続く日曜日の連敗は「23」。谷佳知と田村亮子の3億円披露宴は日本テレビで生中継された。

2003年の石毛オリックス・ズンドコグラフ

年間推移&精神収支

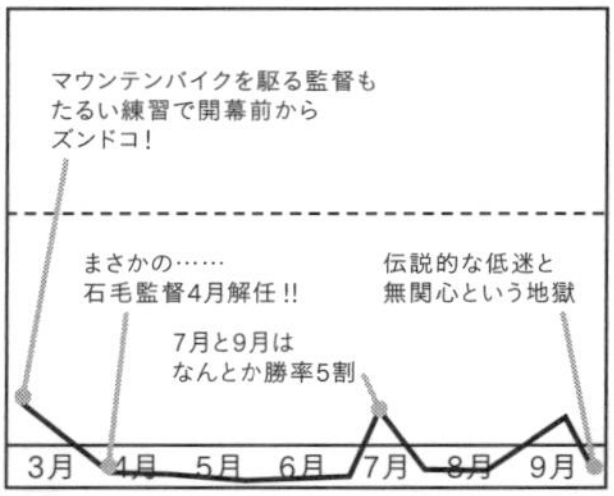
マウンテンバイクを駆る監督もたるい練習で開幕前からズンドコ！
まさかの……
石毛監督4月解任!!
7月と9月はなんとか勝率5割
伝説的な低迷と無関心という地獄
3月
4月
5月
6月
7月
8月
9月

2003年パ・リーグシーズン最終成績

順位	球団	勝	敗	分	勝率	ゲーム差
1	ダイエー	82	55	3	.599	—
2	西武	77	61	2	.558	5.5
3	近鉄	74	64	2	.536	8.5
4	千葉ロッテ	68	69	3	.496	14.0
5	日ハム	62	74	4	.456	19.5
6	オリックス	48	88	4	.353	33.5

開幕前から不穏な空気はあった。それが「まだ優勝を狙える」という理由で監督を4月早々に切るもその後は徹底した最下位ロード。2003年のオリックス、ひたすらにどん底のシーズン。

2005年の堀内巨人編

小池栄子「寝乱れ乳」、井上和香「黒ビキニ炸裂」、安田美沙子「エッチな夏合宿」、熊田曜子vs.川村ゆきえ「美乳対決」、三津谷葉子「大人になりました。」、王・松井・金田「巨人に泥を塗った清原」。

週刊誌とグラビアは時代を映す鏡だ。『週刊ポスト』2005年1月1日・7日号掲載の球界BIG3座談会で、病気療養中の長嶋茂雄に代わり、当時ヤンキースの松井秀喜が代打出席。〝カネやん〟こと金田正一は「英語はどう？　金髪娘を口説けるぐらいには上達したか」とナチュラルにセクハラをかまし、ソフトバンク監督の王貞治は「孫オーナーの口からビッグな選手の名前が出て、ボクも腰を抜かしましたよ。それも200億円出してもいいとまでいわれたんで

2005年（平成17年）ってどんな年？

村上龍『半島を出よ』。プロレスラー橋本真也が死去。ソフトバンクの和田毅が仲根かすみと結婚。ドラマ『電車男』。中村俊輔がセルティック移籍。アークティック・モンキーズが全英デビュー。ブロック・レスナーがIWGP王座に。iTunesミュージックストアが日本での音楽配信開始。秋葉原にAKB48劇場オープン。

す！　目の前にいるヤンキースの松井秀喜ですよ！」なんてぶっこみ、ゴジラも無言で手を横に振るポーズ。この席上で議題に上がったのが、2004年11月の清原和博の巨人残留騒動だった。堀内恒夫監督の構想外になっていることをなぜか球団に関係のない長嶋一茂から告げられた清原が巨人事務所を訪れ、「今後のチームの編成方針を球団主導でいくのか、現場の監督がするのか」と直談判。新規参入の楽天移籍話も噂されたが、37歳の番長は7000万円減の年俸3億8000万円で希望通り残留へ。清原の手元には4年前にもらった読売最高首脳の署名入りの残留確約の念書があったという。秋のファン感謝デーでは、堀内監督の挨拶中に東京ドームのスタンドから「キヨハラコール」が起こる異常事態。なぜか空気を読まず登場するハッスルの小川直也。「2005年の堀内巨人」はまさに喧噪の中での再出発となった。

当時は球界再編騒動で揺れ、巨人も「改革元年」と位置付け、ビジター用のユニフォームは胸文字の「YOMIURI」を外し、YGマークのみのシンプルなモデルに。さらに「読売新聞グループ本社社長室スポーツアドバイザー兼読売巨人軍代表特別補佐」として長嶋一茂が就任。あっそれダメだ……と突っ込む間もなく、巨人は新外国人選手の獲得を発表する。クローザー候補のダン・ミセリだ。メジャー通算41勝35セーブ、年俸1億8000万円。マイナーを含めるとプロ15年間で19チームを渡り歩いた経験豊富な34歳のジャーニーマン……と『週刊ベースボール』では紹介されたが、その頻繁な移籍が単純にミセリ本人の人間性に問題があってのことだと分かるのはもう少しあとのことである。この頃、エースの上原浩治がポスティング制度でのメジャー挑戦を志願。逆指名ドラフトで自ら大金を手にエンゼルスではなく巨人を選んで入ったにもかかわらず、6年間プレーしただけで今度は出してくれという自己チューな要求にチームは揺れた。

崖っぷちの清原は、年末の名球会のハワイ旅行で「僕はここではハナ垂れですから。パシリとして使ってください」とカネやんや王にお酌をして回り、タレントの萩本欽一が立ち上げたゴールデンゴールズの公開トライアウトに駆け付け、臨時コーチ役に立候補。自主トレでは欽ちゃん走りよろしく、元陸上五輪代表の高野進コーチに弟子入りして、度重なる肉離れに悩まされた下半身の強化に取り組んだ。

前年はプロ野球記録の259本塁打を放つ〝史上最強打線〟を擁しながらも、投壊状態で3位に終わり、ディフェンス面の強化を掲げる2005年の堀内体制2シーズン目は、メジャー68勝左腕、オマール・ダール投手を春季キャンプ中にテスト。しかし、2月10日に行ったブルペン投球で前年手術した左肩に痛みを訴え、早々と練習から離脱するオマール。翌11日には緊急帰京のズンドコムーブで当然のことながらテストは不合格となった。それでも、15日には注目のミセリが来日後初のフリー打撃に登板。75球中38球がボール判定で自軍の打者の内角を突くケンカ投法と話題になるが、ただ単に救いようのないノーコンだと分かるのはもう少しあとのことである。野手の期待の新助っ人、俊足・強肩のゲーブ・キャプラーはスキンヘッドに近い丸刈り頭で登場。すでに頭を丸めていた清原、阿部、小田、真田らと「ゴリン（五厘）ジャー結成」と盛り上がる。なお、セットポジションでほとんど静止せずに投球動作に移る動きが、セ・リーグ各球団のスコアラーから「ボークじゃないのか？」と警戒を強められるミセリだが、例によってシンプルにクイックで投げられないだけと分かるのはもう少しあとのことである。

最速153キロのはずが、140キロ前半がやっとというミセリを横目に、清原はオープン戦でチーム最多の4本塁打をマーク。結果を残して開幕四番を勝ち取った。フィギュアスケートの安藤美姫が東京ドームの始球式に登場した広島との開幕戦では、2対1と1点リードの9回に新クローザーのミセリを投入。だが、いきなりラロッカに同点ソロアーチを被弾。これがセンターフェンスの最上部ラバー部分に当たってグラウンド側に落ちたからホームランではないという巨人側の猛抗議も虚しく、緒方孝市にも勝ち越し2ランを浴びてジ・エンド。「投げて打たれた、それだけ。まあ、これから低めに投げるよ。それが修正点」と投げやりなコメントでお茶を濁すクレイジーミセリ。なお、日本テレビで中継された試合は視聴率13・5％と開幕戦では過去最低の視聴率となった。

このミセリショックを引きずった堀内巨人は開幕4連敗と最悪のスタート。7日の横浜戦でも多村仁志に2ランを浴びたミセリは「リトルリーグみたいな小さな球場でやっているから、こういう結果（被弾）になってるんだ！」とハマスタに八つ当たりだ。ついでに「五厘ジャー」のキャプラーも10試合で驚異の打率・081とまったく戦力にならないどころか、完全にチームの足を引っ張る始末。そして、4月19日の阪神戦を前に、開幕からわずか15試合でミセリの電撃退団が発表される。4試合で0勝2敗、防御率23・63の惨憺たる投球内容に首脳陣も二軍再調整を勧めたが、右肩痛を訴えるミセリは降格なしの契約をタテにこれを拒否。19日の東京ドームのロッカーでさっさと荷物をまとめて帰宅した後、浅草でご機嫌に人力車に乗り観光を楽しむ伝説を残して東京を去った。なお、ミセリはオフに現役引退を決意していたが、そこに当時の年俸の約3倍の巨額サラリーを提示してきたのがトーキョージャイアンツだった。いわば巨人は頂きミセリのいいカモだったのである。

さらに前年ホームラン王のローズが、4月26日の福岡遠征のヤクルト戦で外野守備の怠慢プレーから勝ち越し点を許し、ベンチで弘田澄男守備コーチから注意されるとプッツン。弘田コーチの胸ぐらをつかんで暴れ、帰りの通路で報道陣に「ジャイアンツ大嫌い！　トーキョー帰る！」なんてまくしたてた。結局、首脳陣批判に球団から罰金200万円を科せられる騒動となり、G党も「ウチのチームはボロボロやんけ……。知らんかった……」と『スラムダンク』の豊玉状態に陥るのである。

そんな悲惨な状況で、ひとり気を吐いたのが、両耳にダイヤのピアスをつけた四番清原だった。4月を終えて8本塁打は自己最多。通算500本塁打にあと1本と迫った4月21日の阪神戦では大量リードされた場面で藤川球児の前に空振り三振に倒れると、「8点リード、7回、カウント2－3。それで最後がフォークやろ。（阪神バッテリーは）ケツの穴が小さいというか……。キン○マついとんのか」と平成球史に残る番長怒りのトラッシュトーク。ここから当たりが止まり、チームは6連敗と苦しむが、4月29日の広島戦で広島市民球場のバックスクリーンへ史上8人目の500号アーチを叩き込んだ。球団から総額1000万円の報奨金が贈られ、歴史的な初めてのセ・パ交流戦へ。楽天有名人応援団のひとりザ・グレート・サスケは「東北でセ・リーグの公式戦を見られて幸せ」と語ったが、清原は20年連続の二ケタ本塁打となる第10号を杜の都で放つと、一塁ベースを回った直後にコケてしまい「502本のうちで最も恥ずかしいホームラン」と苦笑いだ。視聴率低迷、さらには実数発表になり東京ドームも観衆4万人割れと巨人人気低迷が指摘される斜陽の盟主において、〝清原劇場〟は数少ない全国区のコンテンツでもあった。

この頃、セ・リーグ最下位の低落ぶりに早くもメディアには「堀内解任」の文字が躍り始め、例によって『週刊ポスト』でデリカシーゼロのカネやんが堀内監督に直撃。主砲のピアスのことを聞かれたホリさんが意外にも「清原がそれをプロとしてウリにするのならすればいい。ピアスが注目され話題になって、野球人気の回復に少しでも貢献してくれればと思っています」と庇っているのは興味深い。２００５年のホリさんとキヨマーはずっと冷戦状態だったわけではなく、少なくとも開幕から1カ月間は「四番清原」で戦い、傷だらけの番長も必死にそれに応えていたのである。

だが、5月11日のオリックス戦で山口和男の１４７キロのストレートが頭部に直撃。ヘルメットの塗料が剥げ、下地の西武時代の青いヘルメットが露出する衝撃にしばらくは「目がかすむ」と踏み込めなくなり、打率は規定最下位の2割ジャストまで急降下。ヒザの状態も万全ではなく、以降は五番や六番起用も増えていく。それでも背番号5が一発を放った試合はチームも1分けをはさみ11連勝。前半戦で20号に到達し、オールスター戦にも巨人で唯一のファン投票での選出。全セを率いる中日落合博満監督は早々に「四番清原」を明言した。そして、古巣のインボイスSEIBUドームで歴代2位の球宴通算13号を放ってみせるのだ。しかし、左ヒザはもう限界に近かった。七番降格の8月4日広島戦では、第22号アーチを叩き込むも不満顔の番長はベンチで待つ堀内監督やナインとハイタッチ拒否事件。結果的にこれが巨人在籍時、最後のホームランとなった。

お盆前の13日には強制的に出場選手登録を抹消。左ヒザ半月板損傷の内視鏡手術を受けることが発表されるが、8月30日付のスポーツ報知一面で「清原自由契約へ」と報じられた。巨人球団代表の清武英利の著書『巨魁』によると、ホテルの一室で話し合いをした際、清原は顔を歪め「試合に出してください。出られないなら僕はここから飛び降ります。試合が生き甲斐なんです」と懇願したという。巨人軍に死にたいくらいに憧れた男、清原和博の9年間に渡る東京での戦いはこうして哀しい終わりを告げた。

チーム打率・260、防御率4・80はともにリーグワーストと投打に低迷した堀内巨人は、26年ぶりの5位に沈み、球団史上初の80敗を喫する大惨敗。なお、桑田真澄は0勝7敗、防御率7・25という成績で9月20日に「若手に出場機会を与えてほしい」と登録抹消。プロ20年目、KKコンビはそれぞれ野球人生の岐路に立っていた。結局、堀内政権は任期を1年残し、わずか2年で終焉する。シーズン終了後に恒例の『週刊ポスト』のカネやんとの対談で、「清原はそもそも野球に向かない男なのかも知れませんね。最初から個人競技に行くべきだった」なんてすかしっ屁のように毒を吐くホリさんであった。チーム最多勝が42歳工藤公康の11勝という絶望的状況に、血の入れ替えが必要とオフには15人もの選手がリストラ。清原は仰木監督のラブコールを受けオリックスへ。ローズは退団、元木大介も現役引退と清原軍団は一掃された。

そして、長嶋も松井も清原も誰もいなくなり、3年ぶりにタツノリが帰ってくる。「原はやりたいようにやればいいんじゃないですか。今のままでは簡単には勝てませんよ」なんて堀内予言を嘲笑うかのように、やりたい放題やった第二次原政権は2007年からリーグV3を達成してみせるのである。

2005年読売ジャイアンツ主力メンバーと年間戦績

2005年堀内巨人・ベストオーダー

打順		選手名	試合	安	本	点	率
1	左	清水 隆行	127	147	15	50	.300
2	遊	二岡 智宏	139	162	16	58	.301
3	中	ローズ	101	91	27	70	.240
4	三	小久保 裕紀	142	147	34	87	.281
5	一	清原 和博	96	68	22	52	.212
6	右	高橋 由伸	88	97	17	41	.298
7	捕	阿部 慎之助	130	143	26	86	.300
8	二	仁志 敏久	128	130	11	45	.269
9	代打	矢野 謙次	85	57	7	14	.281

2005年堀内巨人・投手陣

選手名	登板	勝	敗	S	率
工藤 公康	24	11	9	0	4.70
上原 浩治	27	9	12	0	3.31
高橋 尚成	27	8	12	0	4.47
内海 哲也	26	4	9	0	5.04
久保 裕也	64	7	4	7	3.43
シコースキー	70	7	1	0	3.29
林 昌範	54	2	2	18	1.61

「分かっていたよ。ミセリがあんなもんだというのは」とホリさんが振り返った開幕戦の逆転負けですべてが狂った。6月には渡邉恒雄が球団会長として復帰するも起爆剤にはならず、首位阪神に25.5ゲームの歴史的惨敗。一方で内海、西村、林、矢野、亀井ら多くの若い堀内チルドレンたちがのちに原政権を支えることになる。

2005年の堀内巨人・ズンドコグラフ

年間推移&精神収支

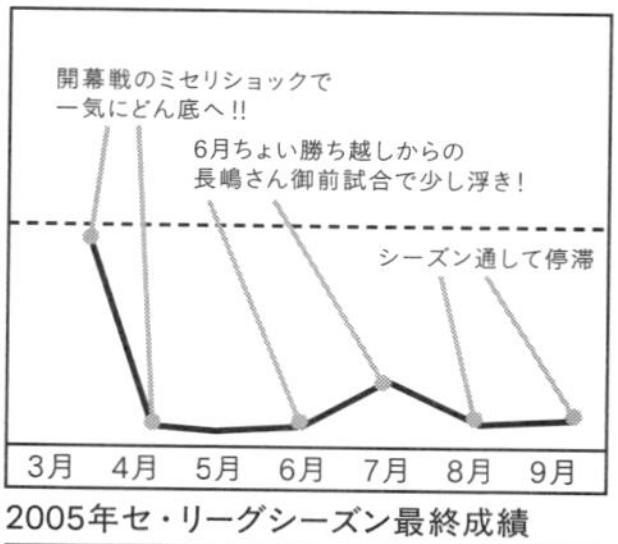
開幕戦のミセリショックで
一気にどん底へ!!
6月ちょい勝ち越しからの
長嶋さん御前試合で少し浮き!
シーズン通して停滞
3月
4月
5月
6月
7月
8月
9月

2005年セ・リーグシーズン最終成績

順位	球団	勝	敗	分	勝率	ゲーム差
1	阪神	87	54	5	.617	—
2	中日	79	66	1	.545	10.0
3	横浜	69	70	7	.496	17.0
4	ヤクルト	71	73	2	.493	17.5
6	巨人	62	80	4	.437	25.5
4	広島	58	84	4	.408	29.5

助っ人外国人のヒキにも左右された感のある堀内体制の2年目。のちのち改めて見ていくと、巨人の、というよりも大きなくくりでの一つの時代の終焉のような気がしないでもない。

2005年の田尾楽天編

「ヤムチャが死んじゃったーっ！」

平成初頭のある月曜の朝、クラスメートは絶叫しながら通学路をダッシュしてきた。今週の少年ジャンプをいち早くコンビニで立ち読みして、「サイバイマンの自爆でさ……」と語る彼は朝の教室のヒーローになった。「クリリン、お嫁ってなんだっ？」的に鳥山明が描く『ドラゴンボール』から人生に必要なものを学んだガキの俺らは、当たり前にあるものが、突然なくなってしまうリアルな大人の世界の仕組みをまだ理解していなかった。悲しいけどコレ、友情・努力・勝利じゃどうにもならないこともある。

その十数年後、2004年の球界再編でオリックスに吸収合併され、赤字経営に苦しんだ大阪近鉄バファローズはあっさり消滅した。そして誕生したのが50年ぶりの新球団、東北楽天ゴールデンイーグルスである。球団買収に向けて、いち早く動いた当時32歳の堀江貴文率いるライブドアではなく、後出しジャンケンで手を挙げた楽天が新規参入。ネクタイを締めずTシャツ

2005年（平成17年）ってどんな年？

映画『ALWAYS　三丁目の夕日』。ドラマ『女王の教室』。サッカー日本代表の中田英寿がボルトン移籍。大相撲の朝青龍が5連覇。大リーグのホワイトソックス井口資仁がワールドシリーズ優勝。柴田勝頼が新日本プロレス退団。「愛・地球博（愛知万博）」開催。ファイティング・オペラ「ハッスル」人気。

姿がトレードマークの新世代の堀江に対して、「知らない人が入るわけにはいかない」（byナベツネ）と各球団のオーナーたちからの嫌悪感も強く、最後はスーツ姿でヒゲを剃り落した楽天の三木谷浩史に敗れた。だが、例え企業の宣伝目的であろうと、このときホリエモンが旧態依然の球界に殴り込みをかけていなければ、経営陣は未来なき1リーグ制に突き進んだはずだ。そうなると、のちの楽天イーグルスも誕生しなかったわけで、幻の仙台ライブドアフェニックスの功績は21世紀のプロ野球を語る上でマジ大きかった。

ＩＴ成長企業らしく3年以内の黒字化を掲げる楽天の監督には、ＮＰＢでの指導者経験のない田尾安志が就任。その経緯は『週刊ベースボール』やあらゆるＹｏｕＴｕｂｅチャンネルをハシゴして本人自ら明かしている。マーティー・キーナートＧＭからの監督要請に「俺を地獄に落とすのか？」と固辞するも、「パパ、初代監督なんてひとりしかなれないんだよ」という夫人の後押しもあり受諾。２００４年11月2日、正式に楽天球団が誕生した約２週間後に大学生・社会人ドラフト会議が開催され、ほとんど情報がなかった田尾新監督は会場で『週刊ベースボール』ドラフト特集号から選手を確認したという……ってそれ普通のドラフト大好きおじさんのムーブだよっ！　裏金問題で各球団が指名回避した１５６キロ右腕の一場靖弘を果敢に1位入札。2位指名は渡邉恒樹投手で〝楽天のナベツネ〟爆誕と各方面に攻めの指名を貫くが、他の選手情報がなさすぎて会場のテーブルから大学や会社にプロ入りの意思確認の電話をする有様だった。しかも、元近鉄・オリックスの選手たちは分配ドラフトでオリックス側が最初にめぼしい25人をプロテクト。楽天はそのあとに選手を選ぶジャイアンとスネ夫状態で、一軍半クラスの若手や他球団から見切られたベテランがほとんど。近鉄最後の選手会長を務めた礒部公一と、オリックス行きを拒否したエースの岩隈久志が金銭トレードで楽天入りしたのがせめてもの救いだった。

2004年12月20日、都内のホテルでモーニング娘。が歌う球団公式応援歌『THE マンパワー!!!』の発表会があり、戸叶尚投手は「これで優勝できる気がする」なんてあっさりV宣言。年が明けた2005年1月5日にはクリムゾンレッドを配したユニフォームがお披露目され、1月22日には仙台市民会館で盛大な出陣式。3万人の市民が集まった沿道をパレードだ。プレステ2ソフト『プロ野球スピリッツ2』ではさっそく新球団・新球場が実名で登場。ゲームをオートペナントで進行させると楽天が4月を勝率5割で終える健闘ぶりに、「これ意外とイケるんじゃね」的なイージーな雰囲気すら漂った。

いざ久米島でキャンプインすると、初日は島の人口約9500人の半数を超える5500人が沿道で小旗を振りナインをお出迎え。各社300人もの報道陣が集まるフィーバーぶりで、モーニング娘。が激励にやってきて、三木谷オーナーは田尾監督を投手役に打撃練習。さらにブルペンで見た岩隈の投球に「すごい。手足がムチのようにしなる」と触発され、オーナー自ら謎の投球練習を始める浮かれたお祭りムードは、オープン戦初戦で巨人に4対3で競り勝つまで続いた。だが、経費削減のため打撃投手を減らし、他球団より野手の打ち込み量が極端に少なく、開幕に向けて突貫工事で県営宮城球場を改修していたため、オープン戦は全17試合がビジターの死のロード……。MLBのオープン戦で3本塁打を放ち、「ドジャー・スタジアムの半分を日本人で埋めたい。それぐらいの気持ちや。今年が勝負！」なんて豪語しながら、あっさり開幕マイナー行きを告げられたメジャー挑戦中の元近鉄の四番バッター中村紀洋を横目に、開幕前にベテランの多い楽天ナインの体力は削られていく。

プロ21年目のキャッチャー中村武志はブルペンで受けた岩隈以外の投手のレベルの低さに内心ビビり、田尾監督も開幕前に表向きは「解説者なら希望的観測を入れて3位と評価する」と虚勢を張るも、『SMAP×SMAP』の生放送に中日の落合博満監督と出演した際は、控室で同い年のオレ流から「必ず100敗する」と突っ込まれ、「だったら、生放送でそう言ってくれ。そのほうが気がラクになるから」と思わずお願いしちゃう0・01ミリ級の手薄な戦力だった。

それでも、3月26日に千葉マリンスタジアムで行われた記念すべき開幕戦をエース岩隈の完投で快勝するとまたもやお祭り騒ぎに。だが、悲しいかな岩隈以外に計算できる先発がいない。っていうか開幕翌日からローテの谷間。そんなデスゲームの果てに2戦目は24被安打、14与四死球で球史に残る26対0の1安打完封負けの屈辱だ。しかし、ホーム開幕戦の4月1日はフルキャストスタジアム宮城にモー娘。が駆けつけ、『THE マンパワー!!!』を生熱唱。先発の岩隈が踏ん張り、礒部の先頭打者アーチも飛び出して、前年度の優勝チーム西武相手に16得点の大勝。翌日も松坂大輔を攻略して連勝と杜の都が沸いた。ただ、ここが楽天初年度のピークだった。

次第に頼みの岩隈が不調に陥り、4月中旬から11連敗。三木谷オーナーと観戦していたマーティーGMが「明日は勝てますよ」と英語で軽口を叩き、怒りを買い電光石火でGMクビの降格人事。編成部長の広野功がGM代行に就くが、電話報告にも秒でブチ切れる狂犬オーナーと勝てない現場の板挟みになり、心労で病院送りになる激務であった。田尾監督がオーナーに球界の常識を進言すると、その場では了承しても、基本的に全部スルーされ改善の兆しもない。黒字経営が第一で、補強には消極的。気まぐれな勝利ボーナスで尻を叩くだけ。経営者としては超一流の三木谷は、プロ野球チームのオーナーとしては三流以下だった。

息を吐くように現場介入するオーナーと、その爽やかな風貌とは裏腹に気が短く頑固な田尾監督の関係は険悪となり、6勝23敗の勝率・207と大きく負け越した4月末には山下大輔ヘッドコーチが二軍監督に、駒田徳広一軍打撃コーチが二軍担当に更迭される異常事態へと発展。しかし、5月も7勝18敗と浮上の兆しはなく、「フリー打撃をやってみて、日本と同じボールを運ぶイメージでいけば、飛ぶことが分かった。ヒットを打ってもインパクトがない。全部ホームランを打つつもりでいくで！」なんつって力強く宣言しながら、メジャーで1秒も通用しなかった元近鉄の四番バッター中村ノリさんのような空気を読まないトンパチ選手も出現せず、東北を回る長時間のバス遠征にも疲弊し、新興球団は淡々と黒星を重ねていった。

オーナーは「若手を使え」というが、使える若手なんかどこにもいない。いるなら、個人名で指定してくださいよボス……。山下二軍監督は、「三拍子揃ってそこそこできても、1軍のレベルではないという選手がいたとしますよね。そういう選手は1軍では無理でも2軍で使い勝手が良いから重宝するんです。2軍でも年間90試合ありますから、そういう選手は2軍のゲームを進める上でお手伝いとして必要なんです。そのために置かれている選手も当然います」（『97敗、黒字。楽天イーグルスの一年』神田憲行／朝日新聞社）と残酷なプロ野球二軍のリアルを語っている。一方で寄せ集めのベテラン軍団が意地を垣間見せた試合もある。初開催のセ・

パ交流戦で、開幕前に「(楽天は) 100敗する」と言った落合竜相手に敵地で3連勝。4時間超えゲームは1引き分けを挟んで6連勝と長時間試合に強い粘り腰を見せ、最下位独走にも目の前の1勝に仙台のファンは暖かい拍手を送った。

7月は10勝9敗1分けで初の月間勝ち越し。田尾監督は「夢のよう」と喜ぶが、直後の8月に真夏の悪夢、パ・リーグ49年ぶりのシーズン二度目の二ケタ連敗となる11連敗を喫してしまう。早々に今季最下位が決まり、田尾休養説も囁かれ出し、さすがに選手グッズ売上も低迷して、唯一売れたのが球団マスコットのMr.カラスコ関連のグッズという窮状だった。広岡達朗GM体制で出直しを図る計画もあったが、営業部が希望した巨人を退団する清原和博の獲得を巡り球団側と対立して実現せず。ただ、営業面では当時としては斬新な電子メールをファンクラブ会員に送り、「岩隈対松坂」の投げ合いを事前に告知するなどIT企業らしい一面も見せ、9月13日の西武戦では来場者全員におつまみを配る「お月見乾杯ナイター」と銘打ち、19944人の最多動員記録を更新した。開幕7連敗のドラ1一場が自身20試合目の登板で、152球完投の熱投を見せプロ初勝利。オリックスをクビになり楽天に流れ着いた元セ・リーグ本塁打王の山﨑武司は、田尾の打撃指導で25本塁打を放ち見事に復活と明るい話題もあったが、9月15日にはベテラン6投手をリストラ。そして、ついに本拠地最終戦の9月25日、田尾監督は解任されるのである。

38勝97敗1分け、勝率・281。プロ野球ワースト5位タイの97敗。チーム防御率5・67は歴代ワースト2位。勝率は35年ぶりの2割台の大惨敗。負けず嫌いでプライドの高い三木谷オーナーが「まるで罰ゲーム」（by中村ノリ）のような現状に我慢できるわけもなく、続投が既定路線と思われた3年契約の田尾を急転直下で切り捨て、野村克也監督を招聘した。

田尾と三木谷。未経験の新監督と新進気鋭の青年オーナーという、中学生カップルの意地の張り合いのような初めて同士のランデブーは年間97敗という無惨な結果に終わった。その後、楽天は2008年オフに初のFA補強で中村紀洋を獲得……は置いといて、2011年から星野仙一監督を招聘する。東日本大震災を乗り越え、2年後には初の日本一に輝くが、以降は目まぐるしく監督が代わり、Bクラスが定位置。ヤンキースから復帰した田中マー君はヘロヘロで往年の姿とは程遠く、まったく結果を残せていない石井一久GMが居座りつづけ、近年は所属選手のパワハラ騒動にも揺れ低迷しているが、まだ創立20年の若い球団だ。伝統なき組織は、失敗を繰り返して成長するしかない。だって創立20周年って人間で言ったら、反抗期を終えつつある大学生みたいなものだからね。

「色々ありましたけど、本当に楽しかった」

過ぎ去った青春時代を振り返るかのように、メモリアルDVDで2005年シーズンを回想した田尾元監督。喧噪の中で惨敗した楽天イーグルスの1シーズン目は、理想と現実がぶつかりあったズンドコストーリーだった。空回りと勘違いを繰り返し、時に虚勢を張り、失敗する。まるで、20年前の弱小球団はあの頃の俺ら自身のようだ。いつの時代も、青春とは挫折の物語なのである。

2005年楽天イーグルス主力メンバーと年間戦績

2005年田尾楽天・ベストオーダー

打順		選手名	試合	安	本	点	率
1	右	礒部 公一	122	128	16	51	.264
2	遊	沖原 佳典	64	83	1	23	.313
3	一	吉岡 雄二	116	109	10	52	.282
4	DH	山崎 武司	118	102	25	65	.266
5	三	ロペス	118	75	12	49	.223
6	二	高須 洋介	82	88	1	27	.278
7	左	鷹野 史寿	90	52	7	31	.217
8	捕	藤井 彰人	113	58	0	21	.232
9	中	佐竹 学	64	62	1	14	.310

2005年田尾楽天・投手陣

選手名	登板	勝	敗	S	率
岩隈 久志	27	9	15	0	4.99
有銘 兼久	37	3	10	0	5.18
ラス	23	3	9	0	6.33
一場 靖弘	23	2	9	1	5.56
渡邉 恒樹	17	1	2	0	1.93
吉田 豊彦	50	2	2	1	3.40
福盛 和男	49	4	3	11	3.57

負け越し数「59」。岩隈の9勝が勝ち頭で、新人の一場は2勝止まり。チーム本塁打88はリーグ最低で助っ人も機能せず。ちなみに"楽天のナベツネ"こと渡邉恒樹の名前読みは「こうき」。なお、前年まで近鉄球団最多の306本塁打を放った中村紀洋はドジャースで打率1割台、本塁打なしに終わり、2006年からオリックスで日本復帰した。

2005年の田尾楽天・ズンドコグラフ

年間推移&精神収支

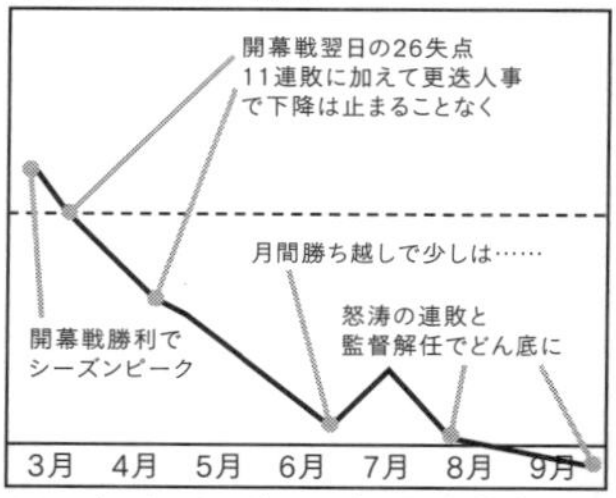

2005年パ・リーグシーズン最終成績

順位	球団	勝	敗	分	勝率	ゲーム差
1	千葉ロッテ	84	49	3	.632	―
2	ソフトバンク	89	45	2	.664	4.5
3	西武	67	69	0	.493	18.5
4	オリックス・バッファローズ	62	70	4	.470	21.5
5	北海道日本ハム	62	71	3	.466	22.0
6	楽天	38	97	1	.281	47.0

監督の言葉にあるように色々あった2005年の球団初年度。勝敗に一喜一憂したり、無限の連敗地獄を味わったり、オーナーの介入激しかったり……。けれど地元ファンは大いに楽しめたから精神収支はプラス!?

2006年の原巨人編

多くの巨人ファンにとって、原辰徳の存在は「実家」みたいなものだった。

だって、原体制は三度にわたり通算17シーズンも続いたわけだから。赤ん坊が高校三年生になる年月……って冷静に考えたら、長いよ。長すぎる。そりゃあプロ野球大河ドラマは、どんなチームにも浮き沈みがあり、勝ったり負けたりを繰り返す。普通ならそれを何人かの監督で回すけど、原巨人は称賛も批判も独り占め。最終的に何をやっても「なんか見たことあるこの感じ」と一種のマンネリ状態に陥ってしまう。マンネリは怖い。昔はあれだけ好きだった恋人の些細な行動にも腹が立って、時間を無駄にしたとか早く別れなきゃとすら思う。新しい人と付き合えばこの日常にも変化があるはずだってね。で、実際に阿部慎之助監督に代わったらみんなハッピー。2024年に4年ぶりのリーグV。個人的に巨人ファンを40

2005年（平成17年）ってどんな年？

第1回WBCで王貞治監督率いる日本代表が優勝。プレイステーション3発売。範田紗々SODクリエイトからデビュー。ライブドア社長のホリエモン逮捕。サッカー日本代表監督はジーコからオシムへ。「ハッスル16」にてインリン様がニューリン様へ。映画『ゲド戦記』。ザ・クロマニヨンズ結成。篠崎愛グラビアデビュー。

年近く続けてきたけど、こんなに新鮮で切ない優勝は初めてだ。だって、完全に原巨人が終わった瞬間でもあったから。今までありがとうってさ。俺らもついにタツノリという実家からの自立のときなのかもしれない。実家を出ると親との関係性も客観視できるあの感じ。今こそ、お前さんたちは原巨人を振り返るときである。

通算1291勝1025敗91分け。17年で2度の三連覇を含む9度のリーグ優勝、3度の日本一。大型補強連発で勝ちまくった印象が強いが、いつの時代も栄光とズンドコは紙一重だ。あの天下の長嶋茂雄の後を継ぎ、2002年に就任即日本一に輝いた若大将は、翌2003年にわずか2年で巨人監督の座を自ら辞している。前年オフにヤンキース移籍を決断した松井秀喜の穴は大きく、星野阪神の独走Vを許し、3位がやっと。9月16日に9連敗を喫すると、三山秀昭球団代表から電話で激しく叱責され、コーチ人事のごたごたもありタツノリの堪忍袋の緒が切れる。なんと19日に読売新聞本社の渡邉恒雄オーナーのもとを訪ね、辞表を提出するのだ。慌てたナベツネから3時間にも渡り慰留されるも、怒れる若大将の決意は固かった。当時、球場で会った〝エモやん〟こと江本孟紀に対して、「こんな屈辱は人生で初めてですから!」と鬼のような形相で吐き捨てたという。ちなみに若大将のカラオケの十八番はシャ乱Qの「空を見なよ」。確かに青い、だがその青さが原辰徳の魅力でもあった。この頃の40代中盤のタツノリは、体制側と戦う若き青年指揮官だったのだ。堀内恒夫を後任監督に据えた悪役ダンプ・ナベツネの「読売グループ内の人事異動」なんて不可解なマイクパフォーマンスで、血まみれの長与千種ばりに光る傷だらけのベビーフェイス・タツノリ。甲子園でのシーズン最終戦、星野監督から惜別の花束が手渡されると、涙の若大将に阪神ファンからも盛大な拍手が送られた。

G党のほとんど誰からも歓迎されなかった堀内政権はわずか2年で終わり、ほしのあき……じゃなくてダメ虎を建て直した星野仙一の巨人監督就任が秒読み段階に。『週刊現代』2005年9月3日号のスクープ記事「〝新生〟巨人の人事はこうなる星野仙一G軍監督へ『原辰徳が助監督!』」では、90年代中盤にタツノリが幹事役となり、星野、長嶋監督、田淵幸一の4人は千葉県のゴルフ場で定期的に集まっていたという。「星野が巨人再建したのち、助監督の原に譲渡」という筋書きだ。だが、このプランは巨人OB陣の猛反対もあり頓挫する。結局、巨人軍特別顧問という謎の役職ながらも、球団との縁が切れていなかったタツノリが2年ぶりの再登板へ。

当時の『週刊ベースボール』には、堀内巨人末期の「ランニングをすると、まず清原が最後尾を走って遅れ出す。そこに元木とローズが寄ってくる。さらに江藤が加わって、ヘタすると小田まで入ってきちゃったんですよ……。そうすると、もうランニング全体がだらけて見えてきちゃうんです」という絶望的な証言が残されているが、その清原和博、元木大介、タフィ・ローズらをチームから一掃し、第二次原政権は始まった。さらにプロ5年目を終えたキャッチャー阿部慎之助は、慢性的な肩痛に悩まされ、打撃に専念するため一塁転向に本人も乗り気だったが、タツノリとの電話会談で捕手続行を決意。なお、堀内監督は密かに三塁阿部構想を温めており、そのズンドコ構想が実現していたら、巨人の未来は大きく変わっていただろう。

タツノリ復帰1年目の2006年シーズン、3月と4月は8連勝を含む18勝6敗2分けと開幕ダッシュに成功。5月22日には最多貯金14としばらく首位を走るが、5月25日から30日にかけて5連敗。その後、6月初旬に5連勝して再び首位に返り咲くも、ここからが試練の連続だった。エース上原浩治が右太もも肉離れ、野手陣も高橋由伸、小久保裕紀、阿部ら代えの効かない主力陣に故障者が続出して、交流戦でチームは急失速。6月6日から14日まで8連敗。ようやく連敗が止まったと思ったら、今度は18日から30日まで球団では31年ぶりの泥沼の10連敗だ。6月だけでなんと19敗も喫して、Bクラスに転落すると7月4日から14日まではまたも9連敗。約1カ月ちょいの間に「8連敗→10連敗→9連敗」という連敗地獄。ちなみにセ・リーグでCSが導入されるのは翌年から。この頃は優勝が絶望になると即消化試合突入という超シビアなペナントレースだった。日本中がサッカードイツW杯と中田英寿の電撃引退に盛り上がっていた頃、巨人の2006年シーズンはひっそりと終わりを告げたわけだ。

146試合、65勝79敗2分け。リーグワーストのチーム打率・251、球団史上初の2年連続Bクラスの4位という惨敗に危機感を募らせたタツノリは、以降なりふり構わずチーム再建に奔走する。さっそくオフにFAの小笠原道大、トレードで谷佳知を獲得。翌2007年ストーブリーグにはアレックス・ラミレス、セス・グライシンガー、マーク・クルーンと同リーグ球団から四番打者、エース、クローザーを全獲り。原巨人は人間ブルドーザーのような強引さで選手をかき集め、2007年からリーグ三連覇と2009年の日本一を達成する。「ニセ侍」なんつってエース内海哲也をディスるタツノリ語録もキレッキレ。まだ十代だった坂本勇人を使い続け球界屈指の遊撃手に育て上げ、育成選手上がりの山口鉄也や松本哲也が新人王に輝くなど、この頃の原野球は勝利と育成と笑いを絶妙のバランスで成立させていた。ついでに日本代表を率いた第2回WBCでは世界一を勝ち取り、「本当に、お前さんたちはねぇ、強い侍になった!」と昇天だ。

だが、常に栄光とズンドコが共存するタツノリ劇場は油断できない。2年連続3位に終わった2011年オフには〝清武の乱〟が勃発する。清武英利球団代表兼GMが、昭和の怪物・江川卓をヘッドコーチとして入閣させようとした渡邉恒雄球団会長を、球団人事を独断で進めるのはコンプライアンス違反でチームの私物化だと緊急記者会見で糾弾。実際は学生時代から親しい江川を欲したタツノリ案に、「悪名は、無名に勝る」と話題性と集客増を優先させるナベツネが乗った流れで、スポーツ報知は一面で「江川助監督」だと報じたが、この自爆により清武GMは失脚。直後から、原巨人を立て続けに事件が襲う。2012年3月、朝日新聞が巨人の過去の逆指名選手に対する「最高標準額」を大きく超える契約金超過問題を報じ、同年6月には『週刊文春』が原監督の過去の女性スキャンダルを書き立てた。内部情報流出による度重なる不祥事に、タツノリは異例の「清武さんへ」と題した書面を公開。「こんなことがなぜ続くのか。清武さんのほかに、いったいだれがいるのか」と徹底抗戦へ。もうチームはグチャグチャ……と思いきや、「マウンドの上では、ピストルをつきつけられても『射て！』と怒鳴りかえすだろう。どんなことが起きても、自分の〝戦場〟では逃げださん」なんて自著で豪語しつつNPBワースト独走の560被本塁打を浴びた元近鉄のビッグワンこと鈴木啓示のような図太さで、この年の原巨人は日本一からアジアシリーズ優勝まで史上初の五冠達成を成し遂げる。

ヤンキースで現役引退した松井秀喜の巨人監督待望論もなんのその、2014年まで二度目のリーグ三連覇。沖縄春季キャンプではバキバキの顔芸で獅子舞に噛まれ我が世の春を謳歌するが、「勝った瞬間に衰退は始まるんだ」という刹那のタツノリ予言は悲しいことに的中してしまう。2015年はチーム打率・243の貧打に泣き、首位ヤクルトに1・5差の2位に終わると、ヤクルトに敗れたCS試合終了直後の神宮球場で、「世話になったな。オレ、辞めるから」と阿部と坂本に伝えあっさり辞任へ。直後に3投手の野球賭博関与が発覚し、チームは激震に見舞われるが、混乱状態の中で引退即監督に就任した高橋由伸には酷な環境だった。その3年後、ようやく岡本和真という次代の四番打者が定着したと思ったら、三度タツノリ復帰。2018年オフ、FAで優勝チームの広島から丸佳浩を引き抜くパワープレーで、2019年からいきなりリーグ連覇を達成してみせる。だが、日本シリーズでソフトバンクに2年連続4連敗という無惨な完敗を喫したことにより、第三次原政権は狂い出す。

パワーもスピードも完全な力負けという現実に、DH制導入をさかんに口にし出したのもこの頃だ。気がつけばタツノリは既得権益と戦う若大将から、全権監督の最大権力者へと登り詰めていた。システムと戦うのではなく、新たなシステムを作ろうとしたわけだ。まさに巨人軍のMr.マクマホンこと、Mr.タツノリ化。球界最大の悪役となり、体制側の象徴のような立ち位置になっていく。このストーリーには長年のタツノリファンもいまいち乗れず、最後は冷めた雰囲気が漂う中、2年連続Bクラスで追われるように監督の座を退くはめになる。

思えば、原辰徳のヒール転向のきっかけは、やはり第二次政権の1年目。2006年10月10

日の敗北から始まっているのではないだろうか。東京ドームの中日戦、延長12回にタイロン・ウッズの満塁弾を浴び、目の前で宿敵・落合博満の胴上げを見せつけられる残酷な終戦。現役時代は中日から巨人に移籍してきた5つ年上の落合に四番の座を奪われ、失意の現役引退を余儀なくされた若大将にとって、またもオレ流の後塵を拝するのは屈辱以外の何物でもなかった。この時の敗北のショックを自著でこう書き記す。

「我々が力尽きたのだ。それならば、誰がどう抜けてもよいチームを作ろう、と思った。一人ひとりが自立し、どんな敵が来ても先陣を切って、たとえ一人になっても相手と勇猛果敢に戦う人間。そんな強い選手がいるチームを作るのだ。うまいだけの選手、過去の成績にあぐらをかいているような選手はいらなかった」(原点 勝ち続ける組織作り/原辰徳/中央公論新社)

怒りのタツノリは、「うまい選手より、強い選手が欲しい」とストロングスタイルに舵を切る。過剰とも思える大型補強に邁進して、どれだけ批判されようが、勝ちまくることでドラマを成立させた。しかし、ストロングスタイルは、倒すべき巨大な敵がいることで盛り上がる。ナベツネ、オレ流落合といった超一流の悪役がいたからこそ、ベビーフェイスのタツノリは輝いたのだ。彼らが第一線から去った第三次政権、タツノリが戦うべき相手はどこにもいなかった。

「何も明日のことを考えずに床にいくのはいいことですな。まあそのうち1年くらいで飽きる。そしたら何かむくむくと湧いてくるでしょう」

2023年秋、タツノリがそう言い残して、東京ドームを去ってからそれなりの時間が経った。2024年限りで、1つ年上の阪神・岡田彰布監督もユニフォームを脱いでいる。平成も遠くなりにけり。阿部巨人の新しい歴史が始まり、原辰徳の物語は終わってしまったのか？ それとも——。

2006年読売ジャイアンツ主力メンバーと年間戦績

2006年原巨人・ベストオーダー

打順		選手名	試合	安	本	点	率
1	左	清水 隆行	121	68	6	20	.216
2	二	脇谷 亮太	60	58	1	11	.270
3	遊	二岡 智宏	146	159	25	79	.289
4	一	イ・スンヨプ	143	169	41	108	.323
5	中	高橋 由伸	97	91	15	51	.260
6	三	小久保 裕紀	88	79	19	55	.256
7	捕	阿部 慎之助	129	133	10	56	.294
8	右	矢野 謙次	103	90	6	30	.269
9	代打	亀井 義行	65	29	3	18	.206

2006年原巨人・投手陣

選手名	登板	勝	敗	S	率
上原 浩治	24	8	9	0	3.21
内海 哲也	31	12	13	0	2.78
パウエル	28	10	10	0	3.31
高橋 尚成	35	2	6	15	4.94
久保 裕也	59	5	6	0	3.08
林 昌範	62	4	4	0	2.88
豊田 清	38	1	4	13	3.32

序盤は首位もケガ人続出で急失速。ロッテから移籍のイ・スンヨプがチーム三冠の活躍。工藤公康はオフにFA人的補償で横浜へ。桑田真澄もこの年限りで退団してメジャー挑戦。球団公式Web内の自身のページにおいて先走りで二軍戦のラスト登板を発表してしまい首脳陣は唖然。1秒も笑えないラストマスミギャグが物議を醸した。

2006年の原巨人・ズンドコグラフ

年間推移&精神収支

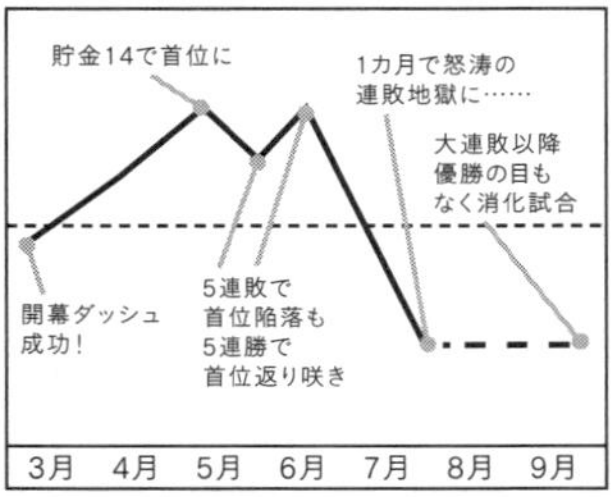
貯金14で首位に
1カ月で怒涛の
連敗地獄に……
大連敗以降
優勝の目も
なく消化試合
開幕ダッシュ
成功！
5連敗で
首位陥落も
5連勝で
首位返り咲き
3月 4月 5月 6月 7月 8月 9月

2006年セ・リーグシーズン最終成績

順位	球団	勝	敗	分	勝率	ゲーム差
1	中日	87	54	5	.617	–
2	阪神	84	58	4	.592	3.5
3	ヤクルト	70	73	3	.490	18.0
5	巨人	65	79	2	.451	23.5
4	広島	62	79	5	.440	25.0
4	横浜ベイ	58	84	4	.408	29.5

開幕からのスタートダッシュは快調にキメたものの6月半ば以降からケガ人も相次ぎ地獄のような展開に。なんの希望もない夏を過ごし2006年は淡々と幕を閉じた。

［参考資料］
週刊ベースボール（ベースボール・マガジン社）
Number（文藝春秋）
週刊ポスト（小学館）
週刊現代（講談社）
週刊文春（文藝春秋）
週刊新潮（新潮社）
週刊宝石（光文社）
週刊読売（読売新聞社）
サンデー毎日（毎日新聞出版）
週刊朝日（朝日新聞出版）
週刊サンケイ（扶桑社）
週刊明星（集英社）
週刊平凡（マガジンハウス）
文藝春秋（文藝春秋）
現代（講談社）
小学五年生（小学館）
婦人倶楽部（講談社）
小説新潮（新潮社）
ベースボールマガジン ２０１８年７月号
埼玉西武ライオンズ40周年黄金の記憶（ベースボール・マガジン社）
ベースボールマガジン ２０１９年９月号
中日ドラゴンズ熱狂の記憶（ベースボール・マガジン社）
ベースボールマガジン２０２３年７月号
野茂英雄と近鉄バファローズ（ベースボール・マガジン社）
ベースボールマガジン２０２０年11月号
福岡ダイエーホークス 王道伝説（ベースボール・マガジン社）
ジャズ批評（ジャズ批評社）
シリーズよみがえる１９５８―６９年の
プロ野球PART.1［１９５８年編］（ベースボール・マガジン社）
俺たちのパシフィック・リーグ3
阪急ブレーブス80's（ベースボール・マガジン社）
中部財界（中部財界社）
CONTINUE（太田出版）
野球批評（オークラ出版）
週刊セ・パ誕生60年 39 ２００２
〝ジャイアンツ愛〟結実 原巨人1年目のV（ベースボール・マガジン社）
映画芸術（編集プロダクション映芸）
ベースボールマガジン ２０２０年12月号
追憶の第1次長嶋巨人（ベースボール・マガジン社）

毎日新聞
スポーツ報知
日刊スポーツ
スポーツニッポン
デイリースポーツ
東京スポーツ

NumberWeb
週刊ベースボールONLINE

長嶋茂雄語録（小林信也／河出書房新社）
野球にときめいて：王貞治、半生を語る（王貞治／中央公論新社）
元・阪神（編集・矢崎良一／廣済堂）
もう一度、プロ野球選手になる。（新庄剛志／ポプラ社）
投げたらアカン：わが友・わが人生訓（鈴木啓示／恒文社）
男の人生にリリーフはない：男は誰も長距離ランナー、
投げたらアカンのや（鈴木啓示／徳間書店）
80年代パ・リーグ 今だから言えるホントの話：
笑えて熱くてどこか切ない強烈エピソード集（金村義明／東京ニュース通信社）
リー、思いっきり愛：不思議の国の四番バッター（美樹リー／河出書房新社）
阪神タイガース　1985-2003（中川右介／ちくま新書）
阪神タイガースの黄金時代が永遠に来ない理由（野村克也／宝島社新書）
あぁ、阪神タイガース：負ける理由、勝つ理由（野村克也／角川書店）
ダメ虎を変えた！　ぬるま湯組織に挑んだ、反骨の11年（野崎勝義／朝日新聞出版）
西武と巨人のドラフト10年戦争（坂井保之・永谷脩／宝島社）
球道無頼 こんな野球をやってきた（大沢啓二／集英社）
撓まず 屈せず 挫折を力に変える方程式（新井貴浩／扶桑社）
ヘディング男のハチャメチャ人生（宇野勝／海越出版社）
振りきった、生ききった「一発長打の大島くん」の負くっか人生（大島康徳／中日新聞社）
星野仙一の巨人軍と面白く戦う本（星野仙一／文藝春秋）
北尾光司の相撲界言い捨て御免（北尾光司／大陸書房）
マウンドの記憶：黒木知宏、17連敗の向こう側へ（平山譲／マイナビ出版）
バースの日記。（ランディ・バース／翻訳・平尾圭吾／集英社）
監督（海老沢泰久／文藝春秋）

意識革命のすすめ（広岡達朗／講談社）
ウォーク・ドント・ラン（村上龍・村上春樹／講談社）
大物はつらいよ（俺がつき合ったスゴイ奴 大物シリーズ２）（金田正一・竹村健一／太陽企
画出版）
球界の野良犬（愛甲猛／宝島社）
熱将　星野仙一（戸部良也／ＫＴＣ中央出版）
ドラゴンボール（鳥山明／集英社）
SLAMDUNK（井上雄彦／集英社）
97敗、黒字。楽天イーグルスの一年（神田憲行／朝日新聞社）
ｎｏｒｉの決断：中村紀洋のフルスイング野球人生（ベースボール・マガジン社）
４５２２敗の記憶 ホエールズ&ベイスターズ涙の球団史（村瀬秀信／双葉社）
球団と喧嘩してクビになった野球選手（中野渡進／双葉社）
巨魁（清武英利／ワック）
オリックスはなぜ優勝できたのか（喜瀬雅則／光文社）
最後の怪物 渡邉恒雄（大下英治／祥伝社）
監督 原辰徳研究　この「名将の器」に気付かなかった面々へ（江本孟紀／徳間書店）
原点 勝ち続ける組織作り（原辰徳／中央公論新社）
根本陸夫伝 プロ野球のすべてを知っていた男（髙橋安幸／集英社）
野球は人生そのものだ（長嶋茂雄／日経ＢＰマーケティング）

［映像］
福本豊のプロ野球まちがいない！（サンテレビ）
YouTube よしひこチャンネル
YouTube 田尾安志【TAO CHANNEL】
２００５楽天イーグルス FIRST SEASON メモリアルＤＶＤ（楽天野球団）

究極!!
しくじりプロ野球
〜本当にあった最弱球団の話

2025年3月18日　第一刷発行

著　者　中溝康隆
発行人　森下幹人
編集人　沼野匡智
発行所　株式会社白夜書房
〒171-0033
東京都豊島区高田3-10-12
電話　03-5292-7751（営業部）
03-6311-7225（編集部）
製　版　株式会社公栄社
印刷・製本　TOPPANクロレ株式会社

カバーイラスト　河合じゅんじ
アートディレクション
デザイン　山﨑健太郎、中野 潤（NO DESIGN）
編集ディレクター　高目満貫
編集　沼野匡智

出典
本書は、BUBKA2022年12月号からBUBKA2025年4月号まで連載された『すべての球団は消耗品である。』を書籍化に伴い再編集、再構成したものです。